Venezuela,
lo que el chavismo se llevó

Javier Garavito

Diseño y arte de portada y Contra portada:
María Elena Vera
oswyor0214@gmail.com

ISBN: 9781694612120
Printed in USA by Amazon

DEDICATORIA

A Venezuela mi soñada tierra,
la del Ávila señorial y los techos rojos.
la tierra mía del sol amada y mi Guajira,
la de mis páramos andinos.

A ti mi hermoso llano,
mi llano de lagunas y garzas blancas.
Mi tierra de cantantes recios y de joropo,
de arpa, cuatro y maracas.

A ti Orinoco, mi río hermoso,
a ti Amazonas mi rio grandioso

A mi Auyantepui montaña del diablo.
A ti Salto Ángel que arañas el cielo.
A los guardianes de mi Gran Sabana,
mis tepuyes con su misterio.

A ti mi bella perla del caribe Margarita
A mi Caribe hermoso, paraíso tropical
bañado por mi Delta glorioso
A mis playas celestiales y su azul embrujo.

A mis cardones y mis tunas del medanal coriano
A mis queridos pemones, guajiros y wuayus

A mi joropo, a mis pasillos y bambucos,
A mis tonadas, mis merengues y pasajes,
Cuanto añoro escuchar un pajarillo,
o la retahíla del contra punteo llanero,
y un tremendo amanecer gaitero
casi terminando el año.

Javier Garavito

AGRADECIMIENTOS

-7-

A Dios ante nada, que nos llena de vida, de sus dones y su abundancia. No sé dónde está, pero le he buscado. Él sabe dónde estoy, y siempre se las arregla para encontrarme justo cuando le necesito.

A Venezuela, que me lo dio todo y mucho más, y hoy es flagelada por fuerzas del mal. Dios te bendiga.

A mi hija, de la que me ha separado la dictadura, quitándome disfrutar de los más hermosos años de su vida. Te amo.

A todos aquellos seres especiales que siempre creen en mi pero que por razones obvias de lo que aquí digo no puedo nombrar. A todos ellos mil gracias y bendiciones.

Javier Garavito

Contenido

A modo de prólogo

"El precio de desentenderse de la política, es el de ser gobernados por los peores hombres". Platón (427-347 a.C.)

Tanto las guerras como los conflictos armados y las catástrofes naturales son las situaciones que suelen provocar crisis de desplazados y refugiados, o crisis humanitarias de gran envergadura en el mundo, pero en el caso particular de Venezuela no fueron ninguna de esas situaciones lo que impulsó la debacle que viven los venezolanos. El cataclismo que arrasó a una nación y a su estado fue el chavismo y su **socialismo del siglo XXI**[1], que viene a ser la nueva gran peste de este siglo, como lo denomina *Gustavo Tovar Arroyo*[2] en su documental: Chavismo: La Peste del siglo XXI.

Las mafias chavistas de la dictadura venezolana de Chávez y Maduro ligadas al narcotráfico, fueron el huracán que no

---

[1] **Socialismo del Siglo XXI** es un término que Chávez asumió como parte de su ideología y que se convirtió en su bandera política y la de su partido, el cual fue acuñado por Heinz Dieterich Steffan, un sociólogo alemán-mexicano que radica en México.

[2] **Gustavo Tovar Arroyo** es un reconocido poeta, escritor, cineasta y activista de derechos humanos venezolano que en 2018 realizó el largometraje documental **Chavismo: La Peste del siglo XXI,** actualmente exiliado en México.

solo se llevó el dinero de la nación, el petróleo, el oro y otros recursos naturales, arrasaron también con la cultura, la moral, la educación, la libertad, y casi con la esperanza del individuo, convirtiéndose en el nuevo régimen del mal, que ha dejado cientos de vidas en sus calles cada año, producto de la represión brutal y sistemática a las manifestaciones populares.

En pleno siglo XXI, Venezuela, un país que es envidiado por su ubicación geográfica, sus recursos naturales y que a mediados del siglo XX se desarrollaba de forma acelerada, ha retrocedido en el tiempo y se encuentra literalmente aislado del mundo. Algunos se atreven a afirmar, y Yo mismo lo confirmo, que el chavismo ha transformado el país en un moderno campo de concentración donde la comida es racionada, los servicios básicos son precarios, no hay libertad de expresión y la represión y la persecución están a la orden del día.

La dictadura en Venezuela domina a los individuos esencialmente usando de modo magistral, la mentira, el miedo y el hambre, y es que en la práctica la delincuencia organizada posee orgullosamente y a la luz pública, *patente de corso*[3] para perpetrar sus actos de vandalismo, terror y amedrentamiento.

No vale, yo no creo

Hace apenas unos pocos años, cuando Chávez y el chavismo llegaron al poder en Venezuela, e incluso antes, cuando ya se olía de sus acercamientos con la dictadura cubana y su líder Fidel Castro, los venezolanos repetíamos permanentemente y hasta con cierta soberbia, que Cuba era una isla y que Venezuela era otra cosa, ya que tenía muchos kilómetros de frontera y por tanto era imposible que llegase a suceder nada ni siquiera parecido a lo que pasó en la isla caribeña con la revolución comunista de Fidel Castro.

---

[3] La **patente de corso** es una carta patente o documento oficial otorgado a propietarios de embarcaciones por parte una autoridad, que autoriza a éstos a perseguir, atacar y saquear barcos o poblaciones enemigas.

Que Venezuela cayera en una dictadura comunista, como la que padece hoy, se asumía como una situación imposible, inimaginable o absurda, como lo expresó profética y lamentablemente *Orlando Urdaneta*[4] en su monólogo: *No vale yo no creo* (2002), ya habiendo iniciado el mandato Chavista.

Soy venezolano, y como venezolano tengo la necesidad y me siento obligado a mostrar y a hablar de lo que sucede en Venezuela, particularmente en un momento crucial en el que se requiere multiplicar los esfuerzos y ganar cualquier espacio de lucha, en la pretensión del retorno de la democracia y las libertades en ese país, mi país.

Conscientes debemos estar que cada día se deben multiplicar las voces de los venezolanos en las redes sociales, en los medios impresos, en los diversos medios de comunicación y en todo espacio posible donde se pueda contar qué pasa realmente dentro de nuestras fronteras, donde el hambre arrecia, la persecución a los disidentes no tiene tregua, la información es limitada y distorsionada, la libertad es un recuerdo, la corrupción es la reina, como reina es la inseguridad personal, y donde además, millones han optado por huir a cualquier lugar del mundo, en lo que ya es conocido mundialmente como la *diáspora venezolana*[5], generando crisis en los países a los que llegan masivamente.

Escribo estas páginas como un simple venezolano de a pie a quien le duele su patria. Un venezolano con sentido crítico de la realidad, que no se las sabe todas, pero expresa su experiencia, lo que siente, lo que vive y lo que comparte permanentemente con otras personas que están dentro y fuera de Venezuela.

---

[4] **Orlando Urdaneta** es un reconocido humorista y actor de televisión venezolano, acérrimo crítico del chavismo, exiliado en EEUU. Su pitoniso monólogo, *no vale yo no creo*, se puede encontrar en YouTube.

[5] **Diáspora,** según wikipedia, *implica "la dispersión de grupos étnicos o religiosos que han abandonado su lugar de procedencia originaria y que se encuentran repartidos por el mundo".*

La necesaria reflexión

No se trata de ir repartiendo culpas, en Venezuela cada ciudadano a todo nivel, tiene en parte la suya. Lo que necesitamos es una profunda reflexión, ver el pasado y el presente objetiva y críticamente, evitando, aunque sea difícil, alimentar resentimientos o remordimientos, así como seguir propiciando nuevos mitos que expliquen o excusen los procesos complicados que atravesamos.

No podremos avanzar de nuevo hacia la democracia, de cara a una profunda restauración, si no tomamos conciencia de la realidad, y mucho menos si no entendemos a que monstruo nos estamos enfrentando, pues el chavismo no es solo un mal gobierno, o una simple dictadura comunista o de izquierda, es una mafia de delincuencia organizada, ligada al narcotráfico y el terrorismo internacional según lo reconocen total o parcialmente diversas instituciones internacionales como la OEA (Organización de Estados Americanos), la ONU (Organización de Naciones Unidas), la DEA y el Departamento de Estado de los Estados Unidos.

Aunque en cuanto a culpas, en definitiva, si creo que le podemos endilgar, a un imperio, la culpa de todos los males y plagas que cayeron sobre Venezuela y que la hundieron en la exigüidad, pero en este caso particular al imperio de la ignorancia, como ya lo profetizó Simón Bolívar: *un pueblo ignorante, será instrumento ciego de su propia destrucción.*

> "Un pueblo ignorante es un instrumento ciego de su propia destrucción; la ambición, la intriga, abusan de la credulidad y de la inexperiencia de hombres ajenos de todo conocimiento político, económico o civil; adoptan como realidades las que son puras ilusiones; toman la licencia por la libertad, la traición por el patriotismo, la venganza por la justicia". Bolívar (Congreso de Angostura, 1819)

Esas palabras proféticas de Bolívar en el *Congreso de*

Angostura[6] en 1819, lamentablemente se han hecho realidad en nuestro país en pleno siglo XXI, donde muchos venezolanos se han convertido en "instrumentos ciegos de su propia destrucción".

Los ideólogos comunistas de escritorio, que se adjudican para si la intelectualidad, (no niego, diciendo esto, que haya verdaderos intelectuales comunistas o de izquierda) mantienen una permanente siembra de ignorancia y confusión a su paso como legado. Y es que, en el pensamiento de las masas humildes, los más débiles de criterio, es peor la confusión que la misma ignorancia, porque en la ignorancia de su confusión, se saben acreedores de la sabiduría, y en su caso, esta "sabiduría" tiende a ser absoluta, dogmática, irrefutable, y por tanto es digno defenderla hasta la muerte.

Y es que esta ignorancia es poderosa y permite el avance avasallador del populismo, dejando camino abierto a caudillos de mentalidad totalitaria. Además, según lo expresa Jean-François Revel[7] en su libro, *El conocimiento inútil*, precisamente "en los países democráticos, los comunistas por razones evidentes, pero también el grueso de los batallones de la izquierda no comunista, por razones más turbias, se niegan o se han negado durante mucho tiempo a ver en el comunismo un totalitarismo".

Sin lugar a dudas que, aunque suene absurdo y parezca un exabrupto, en el caso de Venezuela los hechos han demostrado que la ignorancia ha sido objeto de promoción de forma siniestra y deliberada como política de estado, pero es la realidad.

---

[6] El 15 de febrero de 1819, Simón Bolívar instaló el segundo Congreso Constituyente de Venezuela en la ciudad de Angostura del Orinoco, hoy llamada Ciudad Bolívar, en el que pronunció el discurso que planta las bases para la consolidación de la Gran Colombia, y muestra parte de su ideario político.

[7] **Jean-François Revel** (1924-2006) fue un influyente filósofo francés, escritor, periodista y miembro además de la Academia Francesa de la lengua, y adicionalmente reconocido gastrónomo.

No es complicado llegar a la conclusión, que brindando oportunidades de crecimiento intelectual e impulsando el desarrollo del potencial de discernimiento del ser humano, fácilmente se puede erradicar la ignorancia y extirparla de una sociedad.

> "Es una ignorancia ufana, que se sabe ignorancia, y no solo no le importa, sino que se satisface con ello". Fernando Luis Egaña (El Nacional, 2017)

En la democracia, tanto la educación como la cultura deben ser elementos clave, pues pretender ignorarlos propiciará ineludiblemente su degeneración como su auto destrucción, y para un espejo tenemos el caso de Venezuela. A la vista está que las democracias más consolidadas[8] a nivel mundial en la actualidad, y que han devenido en sociedades prósperas en total libertad, no han madurado simplemente por el paso del tiempo o porque se decretó por una u otra ley, más bien llegaron a ese nivel porque su gente se educó, se desarrolló intelectualmente con un criterio propio y comenzó a participar activamente y a querer de verdad un sistema que fuera eficiente, justo y transparente, y eso fue precisamente lo que lograron: una democracia real y participativa.

Así mismo, es deber de los actores políticos, propiciar y fomentar el desarrollo de un sistema educativo integral acorde a los tiempos.

Todos deberíamos tener consciencia que una población que no tiene educación nunca va a llegar a exigir a sus políticos un debate con lógica, razón y argumentos, y como tal simplemente serán utilizados por estos políticos para llegar al poder y obviamente para mantenerse en él por el mayor tiempo que les sea posible.

---

[8] Según el Índice de Democracia anual de The Economist Intelligence Unit (EIU) para 2017, las 10 primeras democracias plenas eran Noruega, Islandia, Suecia, Nueva Zelanda, Dinamarca, Irlanda, Canadá, Australia, Finlandia y Suiza.

La eterna tentación comunista

El excremento del diablo [9] del que habla Pérez Alfonzo, ha sido la gran maldición venezolana, pues, por una parte, creó la sensación de que siempre tendríamos dinero fácil brotando de la tierra y no se aprovechó, nada más que tímidamente, esa abundancia para potenciar otros sectores productivos, y por otra parte hizo que el comunismo cubano y mundial se obsesionaran con conquistar, por cualquier vía, dominio ideológico sobre sus gobernantes, para obtener petróleo y dinero preferencialmente, objetivo logrado con el ascenso del Chavismo al poder.

Nuestra Latinoamérica, de modo lamentable, siempre ha nariceado con el comunismo, y no precisamente de modo ingenuo. Dicho por ellos mismos, muchos intelectuales, como *Plinio Apuleyo* [10] por ejemplo, una vez que triunfa la revolución, corren a Cuba a ver de cerca aquella odisea de los barbudos, sin saber que más temprano que tarde se tornaría en uno de los más feroces totalitarismos que parió la América Latina, que algunos de ellos en su lucidez, luego han combatido con sus letras.

Y es que, además, es interesante recordar que, una vez derrocada la dictadura de Pérez Jiménez en 1958, que significó el inicio del periodo democrático en Venezuela, el 23 de enero del año siguiente, Fidel Castro es recibido con honores en Caracas con un discurso de bienvenida de Wolfgang Larrazábal en el Aula Magna de la UCV, donde además conoce a Pablo Neruda, quien le dedica su poema Canto a Bolívar, comparándolo en aquel momento, con el

---

[9] Para el venezolano **Juan Pablo Pérez Alfonzo**, fundador de la Organización de Países Exportadores de Petróleo (OPEP), *"El petróleo es el excremento del diablo"* ... *«Dentro de diez años, dentro de veinte años, ya lo veréis: el petróleo nos traerá la ruina.»*.

[10] **Plinio Apuleyo Mendoza García** es un multipremiado periodista, escritor y diplomático colombiano.

Libertador. Fidel aprovechó la oportunidad para sostener encuentros con el presidente Betancourt y con el Dr. Caldera que fungía para ese entonces como presidente de la cámara de diputados.

Pero aquella visita sirvió la mesa para la larga disputa histórica de Fidel Castro con Rómulo Betancourt, ante la negativa de financiamiento y petróleo preferencial para la revolución por parte del presidente de la pipa[11]. Disputa, que, por muchos años, implicó incursiones militares e ideológicas en territorio venezolano.

Años después, en 1974, es Carlos Andrés quien reanuda relaciones con la Isla, e incluso aboga por el retorno de Cuba a la OEA[12], organización de la que había sido expulsada la isla, pero es en la proclamación de Pérez en su segundo mandato, cuando regresa Fidel a Venezuela. Fidel también, fue uno de los mandatarios que llamó telefónicamente a Pérez en apoyo, con motivo del intento de golpe de Chávez en 1992, quien después sería su pupilo y su marioneta.

El socialismo del siglo XXI

Para Venezuela el chavismo y su auto exaltado socialismo del siglo XXI, vino a significar una destrucción dantesca de todo lo que se trató de construir con profundo esfuerzo durante el siglo pasado. El aparato productivo, el aparato político, el sistema de salud, el sistema judicial y el sistema educativo fueron víctimas del ensañamiento de la revolución bolivariana. En pocas palabras, el chavismo desarticuló literalmente el estado en su totalidad.

Ya *Domingo Alberto Rangel*[13], anunciaba que la revolución

---

[11] La pipa es un utensilio para fumar tabaco. A Betancourt siempre se le vio fumando pipa.

[12] OEA. Organización de Estados Americanos.

[13] **Domingo Alberto Rangel Bourgoin** (1923 - 2012) fue un reconocido economista, político, profesor universitario, periodista y escritor venezolano. Además, columnista de medios impresos como El Mundo, La Esfera, Últimas

chavista solo pretendía tornar en esclavos a los venezolanos, se quería una nación de ignorantes. Un objetivo casi logrado.

Analizar el cuadro venezolano, solo por los últimos más de veinte años, 1998-2019, sería algo ingenuo, absurdo y con grandes rasgos de ingenuidad. El hoy moribundo chavismo ejecutó la destrucción total de la nación, pero sus raíces se gestaron a lo largo del periodo democrático anterior de cuarenta años, con actores políticos y líderes de esa misma democracia, ineludiblemente en relación solapada con Fidel Castro y la revolución cubana, que siempre deseó echarle mano a la riqueza venezolana.

La máscara electoral

Se debe, obviamente, mostrar al mundo de forma incansable, la debacle perpetrada por el chavismo en dos décadas, con su *máscara democrática electorera*[14], pero también se debe revisar la frágil democracia inmadura previa, que nos llevó a estos derroteros, pues Venezuela no es un caso excepcional en el mundo. Otros países transitan recién nuestra senda, en la búsqueda de las soluciones que hace poco los venezolanos creíamos encontrar.

El afán de Chávez y Maduro por realizar procesos electorales y cacarearlo al mundo, no es un simple capricho, es una estrategia que logró el objetivo de mostrar una imagen democrática casi ideal, mientras fronteras adentro se fraguaba una dictadura totalitarista. Así que también es tarea hacer entender al mundo, que democracia no es solo votar ni un adjetivo que se adiciona al nombre de un país, pues precisamente la Alemania comunista se llamaba República democrática de Alemania, y tenemos también la República democrática de Corea. En ese sentido, ¿qué podríamos decir

---

Noticias, 2001 y Quinto Día.
[14] **Democracia** no solo es votar, ni hacer elecciones o referéndums como ha vendido mundialmente el chavismo, para mostrarse democrático. El voto ha sido el instrumento para legitimizar a muchos dictadores y autócratas.

de la República Bolivariana de Venezuela?

Como bien lo dice *Gloria Álvarez*[15], es necesario hacerle entender a la clase ignorante, que no es exclusivamente la más pobre, que todos sin ninguna excepción, podemos y deberíamos tener un nivel de vida de calidad, pues no por el mero hecho de que un individuo o una empresa o un país logre generar sus propias riquezas, eso implica que va a coartar a los demás también lograrlo como se ha mitificado manipuladamente por la izquierda, por Fidel Castro o por Chávez. Además, hay que borrar esa frase lapidaria y de doble moral que Chávez sembró en el corazón de los pobres y en la psiquis colectiva que *ser rico es malo*.

Pero para lograr esto se requieren instituciones sólidas, seguridad jurídica, estado de derecho y rescatar el respeto por el debate de ideas con argumento, razón y lógica.

Aprender que las soluciones están necesariamente en la participación activa, en el debate, en la opinión, en la crítica y sobre todo en el estudio y la preparación, puede ahorrar la pérdida de generaciones enteras, recursos o estados totales. Tarde es ya para Venezuela, que paga con creces el precio de la ignorancia, y que deberá ser reconstruida desde los escombros que ha dejado la debacle chavista.

Con dolor se debe recordar la Alemania de los años 30, como lo aseveró en su momento Carlos Andrés Pérez, que buscando soluciones llevó al poder nada más y nada menos que a Hitler, quien sumió al mundo en un genocidio que requirió la intervención y el esfuerzo mancomunado de casi todo el planeta para corregir tal error.

A modo de capítulos libres, presento apreciaciones desde el cristal de lo que hemos vivido y siguen viviendo muchos venezolanos y amigos de Venezuela, fuera y dentro del país, sin adulación a ninguna de las partes e intentando la difícil

---

[15] **Gloria Álvarez Cross** en una conocida joven politóloga presentadora de televisión, locutora de radio y escritora guatemalteca, altamente crítica del socialismo y los gobiernos populistas.

tarea de rasguñar algunas reflexiones de cara a nuestra, ojalá, pronta y soñada restauración.

"Pero resulta que no, que el hambre no se puede abolir por decreto. Hay que abolirla con prosperidad y ninguna revolución ha logrado traer prosperidad a América Latina. Sólo ha traído corrupción, dictadura y privilegios para la casta gobernante a expensas del grueso de la población, sumergida en la pobreza". Plinio Apuleyo Mendoza (Manual del perfecto idiota latinoamericano16, 1996, p.117)

[16] Manual del perfecto idiota latinoamericano, es un libro publicado en 1996, escrito por Plinio Apuleyo Mendoza, Carlos Alberto Montaner y Álvaro Vargas Llosa . Obra en la que analizan muy sarcásticamente la historia latinoamericana y el estilo de pensamiento de sus élites.

Cronología de presidentes y constituciones de Venezuela desde 1899 a la actualidad

Presidente	Periodo	Gobierno	Inicio	Salida	Destino
Constitución de los Estados Unidos de Venezuela de 1893					
Cipriano Castro	1899-1908	Dictadura Militar	Golpe de Estado	Salud	Exilio
Constitución de Venezuela de 1901					
Constitución de Venezuela de 1904					
Juan Vicente Gómez	1908-1935	Dictadura Militar	Golpe de Estado	Muerte	Muerte
Constitución de Venezuela de 1909					
*José Gil Fortoul 1913-1914 Presidente Encargado designado por Juan Vicente Gómez					
Estatuto Constitucional Provisorio de Venezuela de 1914					
*Victorino Márquez Bustillos 1914-1922 Presidente Encargado (Juan Vicente Gómez es el Presidente Constitucional)					
Constitución de Venezuela de 1922					
*Juan Vicente Gómez 1922-1929 Presidente por Elecciones Indirectas					
Constitución de Venezuela de 1925					
Constitución de Venezuela de 1928					
*Juan Bautista Pérez 1929-1931 Elecciones indirectas. Juan Vicente Gómez Mantiene el Poder					
*Juan Vicente Gómez 193-1935 Presidente por Elecciones Indirectas					
* Juan Vicente Gómez dio un Golpe de Estado a Cipriano Castro y luego se mantuvo en el poder desde 1908 hasta 1935 manteniendo gobernantes títeres que actuaban como su fachada.					
Constitución de Venezuela de 1931					
Eleazar López Contreras	1935-1941	Constitucional	Congreso	Transición Legítima	General
Isaías Medina Angarita	1941-1945	Constitucional	Congreso	Transición Legítima	Exilio
Rómulo Betancourt	1945-1948	Presidente Provisional	Golpe de Estado	Transición Legítima	Exilio
Constitución de Venezuela de 1947					
Rómulo Gallegos	1948	Democracia	Elección Directa	Transición Legítima	Exilio
Carlos Delgado Chalbaud	1948-1950	Dictadura Militar	Golpe de Estado	Muerte	Muerte
Germán Suarez Flamerich	1950-1952	Presidente Encargado	Golpe de Estado	Transición Legítima	Retiro
Marcos Pérez Jiménez	1952-1953	Dictadura Militar	Golpe de Estado	Transición Legítima	Presidente
Constitución de la República de Venezuela de 1953					
Marcos Pérez Jiménez	1953-1958	Dictadura Militar	Golpe de Estado	Golpe de Estado	Exilio
Wolfang Larrazábal	1958	Dictadura Militar	Golpe de Estado	Transición Legítima	Embajador
Edgar Sanabria	1958-1959	Presidente Encargado	Golpe de Estado	Transición Legítima	Embajador
Rómulo Betancourt	1959-1964	Democracia	Elección Directa	Transición Legítima	Senador

Presidente	Periodo	Gobierno	Inicio	Salida	Destino
Constitución de la República de Venezuela de 1961					
Raúl Leoni	1964-1969	Democracia	Elección Directa	Transición Legítima	Senador
Rafael Caldera	1969-1974	Democracia	Elección Directa	Transición Legítima	Senador
Carlos Andrés Pérez	1974-1979	Democracia	Elección Directa	Transición Legítima	Senador
Luis Herrera Campíns	1979-1984	Democracia	Elección Directa	Transición Legítima	Senador
Jaime Lusinchi	1984-1989	Democracia	Elección Directa	Transición Legítima	Senador
Carlos Andrés Pérez	1989-1993	Democracia	Elección Directa	Transición Legítima	Arresto Domiciliario
Octavio Lepage	1993	Presidente Encargado	Congreso	Transición Legítima	Congreso
Ramón J. Velázquez	1993-1994	Presidente Encargado	Congreso	Transición Legítima	Senador
Rafael Caldera	1994-1999	Democracia	Elección Directa	Transición Legítima	Senador
Hugo Chávez	1999-2000	Democracia	Elección Directa	Re-elección	Presidente
Constitución de la República Bolivariana de Venezuela de 1999					
Hugo Chávez	2000-2002	Democracia	Elección Directa	Renuncia	Prisión
Pedro Carmona Estanga	2002	Presidente Encargado	Vacío de Poder	Vacío de Poder	Exilio
Diosdado Cabello	2002	Presidente Encargado	Designación	Restitución del Poder	Vicepresidente
Hugo Chávez	2002-2007	Democracia	Restitución del Poder	Re-elección	Presidente
Hugo Chávez	2007-2013	Democracia	Re-Elección Directa	Re-elección	Presidente
Hugo Chávez	2013	Democracia	Elección Directa	Muerte	Muerte
Nicolas Maduro	2013-2019	Democracia	Elección Directa	Re-elección	Presidente
Nicolás Maduro	2019-Actual	Dictadura	Elección Fraudulenta	Actual	Presidente
Juan Guaidó	2019-Actual	Presidente Encargado	Constitucional	Actual	Presidente Interino

Capítulo 1

De quién fue la culpa

Más que aceptar que Venezuela cayó a una debacle inimaginable, nuestra responsabilidad como venezolanos tiene que ser reflexionar porqué llegamos a tal situación, reconocer errores y mostrarlos ante nosotros y ante el mundo, y que sirvan de experiencia a otros pueblos para que eviten transitar nuestras penurias.

No hay ninguna duda, que el fenómeno del chavismo y *el socialismo del siglo XXI* que hoy se mantiene en el poder con la figura de Nicolás Maduro, convertido en una dictadura de maleantes y narcos organizados, llevaron el país a una catástrofe impensable, a la destrucción total de una nación, su pueblo y sus instituciones, pero es en parte ingenuo responsabilizarlos exclusivamente a ellos de esta crisis, que ya afecta a la comunidad internacional.

Para poder reconstruir la nación, el trabajo principal de pensadores, críticos e intelectuales, y de la sociedad misma en general, es asumir los errores, la responsabilidad compartida que hay en el fondo.

No podemos empezar por echar la culpa a otros, como

hizo el chavismo, que llegó a *la casa de Misia Jacinta*[1], montado en el alazán del populismo mesiánico y echándole la culpa de todo lo malo a la cuarta república, a las cúpulas podridas de *Acción Democrática y Copei*[2] *y* al *pacto de punto fijo*.[3] Y cuando las cosas empezaban a salir mal, la culpa era del imperio yanqui, del sabotaje o de la guerra económica impulsada por la oligarquía, pero jamás asumieron ni asumirán la culpa de nada.

El chavismo no llegó al poder por generación espontánea, hubo actores económicos y políticos que apostaron por este cambio, con mucho dinero de por medio. Adicionalmente debe reconocerse que el quehacer político y sus protagonistas, se habían desvirtuado y corrompido progresivamente durante los cuarenta años previos a Chávez, produciendo un hartazgo de la política en la sociedad, tanto en las masas, como en las elites pensantes.

Es necesario reiterar que la culpa no estuvo solo en la clase media y la clase pobre, como se repite en demasía. En Venezuela, en opinión de muchos intelectuales del mundo, lo que ocurrió *fue un suicidio colectivo* que involucró actores de diversos ámbitos del país, políticos, militares, civiles y hasta religiosos, que tomaron parte en esta desventurada aventura.

Incluso en la campaña electoral en la que triunfó el difunto comandante Chávez, no hubo acuerdos en la oposición, la cual mostró su cara más patética y fue vista como un grupo de niños poniéndose zancadillas entre ellos, y peleándose por una piñata, ante un rival que se mostró más determinado y que avanzaba con paso firme.

---

[1] Al **Palacio de Miraflores** también se le conoce como La Casa de Misia Jacinta, en alusión a la esposa del presidente Joaquín Crespo.

[2] Acción Democrática (AD) y el partido social cristiano Copei, fueron los dos partidos más importantes de los 40 años de Democracia desde el pacto de Punto Fijo.

[3] Se conoce como **Pacto de Punto fijo** al acuerdo político entre los partidos AD, Copei y URD, celebrado en 1958 tras el derrocamiento del General Pérez Jiménez.

Chávez no logra una victoria apoteósica solo por los que votaron por él, donde se cuentan también los que votaron a modo de castigo, e incluso los que votaron conscientemente de forma nula, también gana por los muchos que permanecieron indiferentes y no votaron, que fueron más de cuatro millones. Pero por si acaso, recordemos los números concretos de aquel momento electoral:

Proceso Electoral 1998

Universo Electoral	**11.013.020**
Votantes	6.988.291
Participación	63.45 %
No Votantes	4.024.729
Abstención	36.55 %
Votos válidos	6.537.304 (93,55 %)
Votos nulos	450.987 (6,45 %)
Votos por Chávez	3.673.685
Votos Salas Romer	2.613.161
Votos Irene Sáez	184.568
Votos Alfaro Ucero	27.586
Votos Miguel Rodríguez	19.629
Votos otros candidatos	18.675

Cuando Chávez ganó, dijo que el pueblo había hablado, que el pueblo había alzado su voz. Pero, ¿qué carajo es el pueblo? El pueblo no existe. El pueblo, contrario al mito, ni es la voz de Dios ni es sabio. El pueblo simplemente es una masa manipulable cuando se aplican las herramientas, los medios y las estrategias adecuadas, y eso implica mucho carisma y mucho dinero. Chávez puso el carisma y otros el dinero.

En este punto no se puede obviar, que la dictadura cubana de los Castro luego de fracasar en diversas ocasiones en sus intentos de invadir el país e impulsar la insurgencia armada, jamás descansó en su objetivo de penetrar ideológicamente a los sectores militares y civiles venezolanos, objetivo consumado con la conquista del poder por parte de Chávez.

Reitero una vez más, que el chavismo y el populismo en Venezuela y en general en Latinoamérica, no llegaron por casualidad, les precedió el pésimo papel y la inmadurez de los actores políticos en funciones, que llevaron a la absoluta crisis a una sociedad, que en total desesperación optó por líderes mesiánicos, de paso por vías democráticas, lo que justifica, lamentablemente, su permanencia en el poder.

El cuadro se repite en toda Latinoamérica, reconozcamos que no somos un caso de excepción. Y las tendencias fueron las mismas con presidentes latinoamericanos como Evo Morales en Bolivia, Rafael Correa en Ecuador, Néstor Kirchner y Cristina Fernández en Argentina o Inácio Lula da Silva en Brasil. En todos los casos los resultados fueron los mismos. Lamentablemente, Chávez contó con los recursos del boom petrolero y la billetera millonaria para financiarlos a todos ellos desde Venezuela.

Se tiende a afirmar vehementemente, insisto, que Chávez llegó al poder gracias a la clase media, y cabalgando sobre las clases miserables. Pero esta no puede ser una afirmación absoluta, de ninguna manera. Cierto es que estas clases fueron utilizadas, es innegable, pero no fueron ellos los actores intelectuales de tal plan.

La llegada al poder de Chávez y de su subsecuente horda de delincuentes y bandidos que por más de veinte años se mantienen en el poder dilapidando el erario público, se gestó desde las cúpulas altas de la sociedad venezolana de entonces, que invirtieron en el caudillo, y para tratar de aclarar un poco esto, debemos observar ciertos acontecimientos.

El por ahora

Luego del fracasado golpe del cuatro de febrero de 1992, a Hugo Chávez se le dio el beneficio de hablar públicamente y dirigirse a sus compañeros frente al país por 35 segundos en la televisión nacional, momento en que pronuncia el lamentablemente célebre *"por ahora"*[4], y a partir de allí, se inicia el mito del comandante Chávez.

El mismo Pérez, afirmó oportunamente que aquello fue un fatal error, y de lo cual no fue consultado. Ya entonces, se movían entre el alto mando, manos que buscaban otras intenciones. Incluso se ha especulado que el General Ochoa Antich, ministro de la defensa de Carlos Andrés para el momento, sabía plenamente de la conspiración.

Caldera entra en escena

Posteriormente, el ex presidente y senador vitalicio Rafael Caldera, aprovechando el momento, lanza un discurso que incluso se afirma que lo lleva luego a la presidencia (deplorable por demás) por segunda vez. Y una vez en el poder como presidente de la nación, otorga a Chávez un sobreseimiento[5], que lo deja en libertad y sin culpas. Un Chávez conspirador y golpista, responsable de

---

[4] Palabras de rendición de Chávez el 4 de febrero de 1992: *"Compañeros, lamentablemente, por ahora, los objetivos que nos planteamos no fueron logrados en la ciudad capital. Es decir, nosotros acá en Caracas, no logramos controlar el poder. Ustedes lo hicieron muy bien por allá, pero ya es tiempo de evitar más derramamiento de sangre".*

[5] **El sobreseimiento** es una resolución emitida por un juez o por un tribunal, por la cual un procedimiento judicial se suspende ante la falta de causas que justifiquen la acción de la justicia en el mismo.

cientos de muertos, es liberado en 1994, quedando totalmente habilitado para aspirar a cualquier cargo de elección popular. Esto a todas luces no es solo casualidad.

> "Es difícil pedirle al pueblo que se inmole por la libertad y la democracia cuando piensa que la libertad y la democracia no son capaces de darle de comer... El golpe militar es censurable y condenable en toda forma, pero sería ingenuo pensar que se trata solamente de una aventura de unos cuantos ambiciosos... Yo quisiera que los señores jefes de Estado de los países ricos que llamaron al presidente Carlos Andrés Pérez para expresarle su solidaridad en defensa de la democracia, ¡entendieran que la democracia no puede existir si los pueblos no comen." Rafael Caldera. (Discurso ante el congreso, febrero 1992)

Rafael Caldera de forma notoria llegó a justificar la acción golpista de Chávez declarando públicamente: *"debo confesar que el 4 de febrero Chávez me causó una excelente impresión, como se la causó al mundo. Aquellos segundos que usó Chávez en la televisión, presentaron a un hombre equilibrado, sensato"*.

Que un personaje de la talla de Caldera, político, expresidente, intelectual, diera esas declaraciones, tiene muchas implicaciones y ante una sociedad que busca soluciones representa un factor de gran confusión.

También Luis Herrera Campíns, expresidente venezolano, a finales del año 92 dijo que los golpistas podían "aportar ideas para salir de la crisis", y sugirió públicamente al presidente Pérez que los dejara en libertad como también lo sugirió al presidente Caldera posteriormente.

No se puede dejar de mencionar que *Patricia Poleo*[6], hoy exiliada, y algunos medios de comunicación repetidamente hicieron sugerencias públicas al gobierno en pro de la

---

[6] **Patricia Poleo**, es una reconocida periodista y productora de televisión, fuertemente crítica al gobierno, en el exilio desde hace más de una década. Es hija del periodista Rafael Poleo.

libertad del comandante y sus compañeros golpistas.

Incluso como candidatos presidenciales, Claudio Fermín, Andrés Velásquez y Oswaldo Álvarez Paz se pronunciaron a favor de emitir presidencialmente una amnistía que diera la libertad a los golpistas de 1992, y se comprometieron a terminar de ponerlos en libertad. Aun así, durante el corto periodo presidencial del Dr. *Ramón J. Velásquez*[7] algunos de ellos fueron liberados.

También es un hecho que el propio presidente Carlos Andrés Pérez había ordenado la libertad de los alzados de menor jerarquía que supuestamente fueron involucrados en la revuelta "por obedecer órdenes", de los cuales muchos fueron reinsertados y otros dados de baja, pero al fin de cuentas quedaron libres y no pagaron su falta.

El perdón a la conspiración

A juicio del periodista y locutor venezolano Juan José Peralta[8], en su columna El Cronicario, haciendo un recorrido histórico por conspiraciones perdonadas en la historia venezolana, reitera que el perdón al delito nunca tuvo precisamente un final feliz y finalizaba aquella columna con la frase: *dicen las viejas leyes, que quien comete un delito debe pagar por ello.*

Con Chávez, simplemente se repitió el mismo error en un ciclo histórico de errores, que hoy nos llevó a la debacle que vive Venezuela. Chávez y sus compañeros golpistas nunca debieron salir de la cárcel sin pagar sus delitos, mucho menos salir en libertad habilitados políticamente para ejercer cargos

---

[7] **Ramón José Velásquez** fue un político, historiador, escritor y jurista venezolano. Fue nombrado presidente por el Congreso Nacional durante el período 1993-1994, sustituyendo a Pérez tras su destitución.

[8] **Juan José Peralta**, es un reconocido locutor, periodista y escritor venezolano. Columnista de el Cronicario en globovisión.com, correodelara.com y ellmpulso.com

públicos.

Recuerda Peralta, que Bolívar perdonó a Santander, que intento matarlo en 1828, y a Páez por la *Cosiata*[9]. Pero luego Santander le quitó la comandancia del ejército, la presidencia de la Gran Colombia y de paso lo desterró del país. Páez por su parte, fue quien no lo dejó entrar en Venezuela, y por eso Bolívar terminó muriendo en Santa Marta. A su vez, Páez perdonó a José Tadeo Monagas su conspiración, y fue el mismo Monagas quien lo manda posteriormente al exilio.

Cipriano Castro perdonó la conspiración de Gómez, y Gómez, en su primera oportunidad, estando Castro fuera del país, se tomó poder, y no le permitió entrar nuevamente, obligándolo a vivir y morir en el exilio. Pero por su parte para el Bagre, como apodaban a Juan Vicente Gómez sus enemigos, su filosofía de vida era que los conspiradores iban al cementerio, a la cárcel o al exilio, manteniéndose de este modo en el poder hasta su muerte, casi tres décadas después.

Se dice que el presidente Medina Angarita tenía conocimiento que algunos militares conspiraban, pero se confió y lo derrocaron, como igualmente Rómulo Gallegos se confió de Delgado Chalbaud y Pérez Jiménez y también lo tumbaron.

Rómulo Betancourt, en cambio, con su recia personalidad, no perdonó a quienes intentaron darle golpes de estado o asesinarlo. Y según Peralta, nadie hubiese pensado jamás, pedirle indultos o sobreseimientos, aludiendo al caso de Chávez. *"Preso es preso y su apellido es candado"*, era un dicho de Betancourt.

Por su parte, el chavismo en el poder, reinstauró la práctica de la persecución y de los presos políticos, demostrando que ellos tampoco perdonan a sus oponentes, y

---

[9] **La Cosiata** o la Revolución de los Morrocoyes, fue un movimiento dirigido por José Antonio Páez en 1826 con el que se pretendía que Venezuela se separara de la Gran Colombia, también conocido como el principio del fin.

hasta ahora, les ha funcionado, manteniéndolos por más de veinte años en el poder.

No se puede obviar, que el chavismo es un alumno adelantado de la escuela de la dinastía de los Castro de Cuba, que aun en nuestros días, mantienen la tutela directa sobre la dictadura venezolana.

Bien viene a colación acá el dicho popular que reza: más sabe el diablo por viejo que por diablo. Y es que las filas del chavismo venezolano están conformadas por conspiradores y traidores de profesión, encabezada la lista por Hugo Chávez, el más grande traidor a la patria que se haya conocido en Venezuela.

Candidatura del comandante

Ya en su carrera como candidato presidencial, fue apoyado directa o indirectamente por fuertes agrupaciones políticas y económicas, que le permitieron montarse en la ola de la popularidad, utilizando además magistralmente su carisma y el populismo como su más contundente arma.

Estos poderes económicos, empresarios y medios de comunicación, le permitieron proyectarse prontamente como seguro vencedor en una contienda electoral, ante la que los degradados y desprestigiados partidos políticos del momento, no tenían como remontar. La sentencia estaba firmada, Chávez sería el próximo presidente de Venezuela.

Y no fue además poco el número de políticos oportunistas que se plegaron al comandante, al menos inicialmente, en su carrera por hacerse del poder político en el país. Actores, músicos, incluso directores de cine cerraron filas con el comandante, y algunos hoy mantienen ese apoyo.

En definitiva, no se puede afirmar que la llegada de Chávez sea solo un evento aislado, cuya culpa se pueda adjudicar a un grupo social como la clase media, o la clase pobre, no. Es el resultado de todo un conglomerado de factores, sociales, políticos, económicos, ideológicos, morales y culturales.

Cualesquiera que fueran estos factores, Chávez asciende al poder por la vía de las urnas y una vez allí, se enfocó expresamente en consolidar todo un complejo aparato político, social, jurídico legal para atornillarse al poder junto a su movimiento ideológico. Así, la trampa de una asamblea constituyente y una nueva constitución, fue el primer paso y la clave de todo ese engranaje.

Históricamente en Venezuela y en Latinoamérica se ha utilizado la reforma constitucional o su reescritura, para extender periodos presidenciales o para moldear el estado a las necesidades de quienes se toman el poder. Solo en el siglo XX al menos 11 veces se cambió o reescribió el texto constitucional antes de la Constitución impulsada por Chávez, y este la ofreció como la panacea a los venezolanos.

El ente electoral desde entonces, fue recreado a la medida del Chavismo, y la máquina perfecta para crear la sensación de democracia, mientras se iba debilitando, destruyendo o dominando la totalidad de los poderes públicos a merced del ejecutivo nacional y sus necesidades.

Mientras la oposición se dividía ingenuamente, el plan macabro chavista se consolidaba, y la máquina electoral fabricaba victorias, utilizando todas las artimañas y estrategias imaginables, éticas o no, pues no en vano, tras bambalinas, siempre estuvo la sombra maquiavélica de Fidel.

La llamada maquinaria electoral usada anteriormente con éxito por los partidos de la cuarta república, fue ahora perfeccionada por la liga chavista en el poder con resultados abrumadores y con un despliegue económico y logístico exorbitante.

Capítulo 2

La debacle del chavismo

"El objetivo del Tercermundismo es acusar y si fuere posible destruir las sociedades desarrolladas, no desarrollar las atrasadas".
Prólogo de El tercermundismo de Carlos Rangel
Jean-François Revel

Es frecuente por el hecho de ser venezolano, toparme con personas que preguntan con gran curiosidad: ¿es verdad todo eso que dicen de Venezuela?, que la gente come de la basura, ¿o son puras mentiras de los medios?, a lo que sigue la pregunta obligada: pero, ¿cómo fue eso posible?, ¿cómo llegaron hasta esa situación?

Este capítulo, lo escribo, pensando en todas aquellas personas que tienen esas preguntas, y que no terminan de creerlo, cómo es posible que un país con tanto petróleo, y tantos recursos naturales, agua, gas, oro, plata, diamantes, hierro, aluminio, bauxita o coltán, llegara a la miseria extrema en menos de dos décadas.

Casi siempre empiezo diciéndoles que en realidad las cosas no son como se oye en las noticias, sino que la cosa es mil veces peor, que es una catástrofe descomunal peor incluso que cualquier huracán o terremoto que pueda padecer una región.

La Dictadura venezolana ha tratado por todos los medios, de minimizar al máximo ante el mundo esa catástrofe que se vive dentro de sus fronteras, y en parte ha logrado confundir sobre todo a gente humilde y de pobre criterio, que cree aun en los salvadores mesiánicos, en los héroes a caballo que solucionarán todos los problemas de las clases débiles con su espada y que vienen a luchar a muerte contra el imperio y las oligarquías.

Muchos aún creen que Venezuela es un país rico, y donde todos son felices, y que el hambre, la inflación, la inseguridad y la estampida de venezolanos que huyen del país, son solo mentiras de los medios de las derechas fascistas.

La realidad venezolana

El Chavismo llega al poder, apenas en 1998, sucediendo al gobierno del Dr. Rafael Caldera.

La entrada de Chávez en la escena venezolana, no difiere de otros populistas o dictadores en el mundo, no somos un caso único o excepcional, sobre todo África, latino América y el resto del mundo subdesarrollado conocen este mal que parece no extinguirse.

La estrategia de ascenso al poder, como gran mago del populismo que fue, estuvo centrada en el tradicional discurso populista de que "Tú estás mal porque alguien está bien", repitiendo continuamente que ser rico es malo, y que los ricos, y la oligarquía eran los culpables de las penurias del pueblo.

Pero Chávez, hay que decirlo, fue una creación de Fidel Castro, que vio en aquel comandante golpista moldeable, la ficha que necesitaba para cristalizar su proyecto de conquistar a Venezuela por la vía ideológica, luego de los diversos fracasos por las vías de la fuerza y las armas. Recién sale de la cárcel e inicia su carrera hacia el poder, viaja a Cuba donde es recibido con honores de jefe de estado, y donde es embelesado por Fidel quien supo perfectamente como manipularlo hasta su muerte, muerte de la que seguros estamos muchos fue acelerada por los Castro, pues ya el comandante se les iba de las manos y les estaba haciendo sombra, algo imperdonable en el mundo de Fidel.

El gobierno de Chávez inicia prometiendo mantener la democracia y las instituciones, pero inmediatamente llama a referéndum para crear una asamblea constituyente que elaborará una nueva constitución y por tanto nuevas reglas para el país.

> Así como realizar elecciones no implica que un país sea democrático, los procesos constituyentes para reescribir la carta magna tampoco implican cambios positivos para una nación.

Al decretarse la nueva constitución, se llama a elecciones generales, para ese momento con nuevas instituciones electorales, parciales al chavismo. A partir de allí, se va armando toda la estructura del estado, a la justa medida del *arañero de Sabaneta*[1]. Toda una estrategia muy bien planeada, para lograr el poder absoluto.

Con esta nueva Constitución, ahora llamada bolivariana, se extiende el periodo presidencial de cinco a seis años, y se permite la reelección inmediata del presidente por un periodo de seis años más. Adicionalmente fortalece el poder ejecutivo, al tiempo que reduce la influencia de la Asamblea Nacional y elimina la cámara de senadores.

Se cambió el nombre de República de Venezuela, a

---

[1] Según el mismo **Hugo Chávez**, cuando era apenas un muchacho, le llamaban el arañero de Sabaneta, su ciudad natal, porque vendía unos dulces típicos de la zona, que se llaman comúnmente arañas. También se publicó un libro titulado Cuentos del arañero.

República Bolivariana de Venezuela. Posteriormente, a solicitud directa de Chávez, se hicieron modificaciones en la bandera y el escudo nacional.

El siguiente paso, indiscutiblemente, fue anular poco a poco a sus oponentes y críticos, usando todas las vías y métodos que fueran necesarias. Esto no difiere a lo que hizo Hitler, Castro, Lenin, Mussolini o Mao. Distintas ideologías, pero los mismos métodos. Tal vez no tenga lógica poner todos estos nombres en una misma lista, pero así lo veo, el fin era el mismo, mantener el poder.

Al poco tiempo de iniciar su segundo periodo Chávez nuevamente propone una modificación a la constitución que permite reelegir al presidente de forma indefinida, la cual fue rechazada por la nación en referéndum, pero posteriormente vuelve a hacer la propuesta, y logra la aprobación.

La fiebre de las expropiaciones

"El Estado conservará el control total de las actividades productivas que sean de valor estratégico para el desarrollo del país". Plan de Desarrollo Económico y Social de la Nación 2007-2013

De un plumazo, sin análisis objetivos y sin tener ningún derecho a defensa, se cuentan por miles las empresas que formaban parte del engranaje productivo del país, que pasaron a ser administradas por el gobierno mientras Chávez estuvo en Miraflores, para luego quedar completamente improductivas. Desde su primer periodo, el comandante inicia una fuerte ola de expropiaciones de empresas y tierras que se consideraban de interés nacional, emprendiendo la nacionalización de empresas de "sectores estratégicos" como el petrolero, el sector eléctrico, las comunicaciones, el sector alimentario o el sector bancario, consolidando con esto el inicio de un desequilibrio económico que tendría su desenlace en la crisis humanitaria que estamos viviendo.

Las expropiaciones de tierras impulsadas por Hugo Chávez arrancaron una infinidad de propiedades a cientos de empresas y familias, que después se convertirían en tierras improductivas y ociosas, generando una reducción en la producción a niveles mínimos históricos. Si alguien gusta, puede ir a la historia reciente pasada de Cuba con Fidel Castro donde se practicó lo mismo con idénticos resultados de destrucción.

La ley de tierras, creada por Chávez el año 2002 para supuestamente acabar con el latifundismo y los terratenientes, estableció que las fincas que no fueran productivas serían expropiadas por el gobierno. Muchas de estas fincas, las de mejores tierras y ubicaciones pasaron a manos de familiares de Chávez y sus cuadros, como *Elías Jagua* [2], sus testaferros y otros personajes del gobierno.

Lamentablemente y como era de esperarse ante un gobernante totalitario, la mayor parte de los propietarios de empresas y tierras que padecieron dichas expropiaciones ilegales aún no han cobrado ni un céntimo de lo que se les ofreció al ejecutarse la medida, aun cuando el artículo 115 de la misma Constitución bolivariana de Venezuela es garante del derecho a la propiedad y señala que "... sólo por causa de utilidad pública o interés social, mediante sentencia firme y pago oportuno de justa indemnización, podrá ser declarada la expropiación de cualquier clase de bienes". (art. 115)

De este modo, se llegaron a expropiar miles de empresas, las cuales, al poco tiempo, dejaban de producir según su capacidad y han pasado a estar inoperativas o lanzadas a la quiebra.

---

[2] **Elías José Jaua Milano**, político y sociólogo que ha ocupado diversas carteras del tren ministerial de Chávez y Maduro, entre ellos el ministerio de agricultura y tierra, desde donde ejecutó gran cantidad de expropiaciones.

Para los fanáticos de Chávez era excitante ver como el comandante en su ego exaltado gritaba en repetidas ocasiones "exprópiese", durante su maratónico programa de radio y televisión Aló Presidente, ante cualquier solicitud sin basamentos jurídicos pertinentes.

Como si fuera poco, debe mencionarse, que el chavismo permitió, solapadamente, que sus adeptos asaltasen fincas agrícolas y ocuparan las tierras de forma ilegal, e igualmente sucedió con viviendas y empresas privadas, manteniéndose impunidad hasta la fecha sobre esos hechos.

De la banca privada, instituciones como el Banco de Venezuela, uno de los más fuertes y sólidos entes financieros de Venezuela para el momento, el Banco Confederado, el Banco Canarias, el Banco Federal, Banpro, Banorte, Bolívar Banco entre otros, fueron expropiados y fusionados a la red bancaria que ya ostentaba el estado.

Incluso se tomó también la red de hoteles Hilton y el teleférico Ávila Mágica en Caracas, con similares resultados.

Cadenas líderes en la distribución y venta de alimentos a nivel nacional como Automercados Cada, Hipermercados Éxito, Lácteos Los Andes, Cargill o Monaca, Café Fama de América, Café Madrid, Empresas Diana, pasaron de esta forma a estar bajo la gestión del régimen, y prontamente quedaron improductivas generando escasez y desempleo progresivamente.

Se expropiaron todos los centrales azucareros, que antes incluso eran exportadoras de azúcar, y al poco tiempo empezó a escasear el azúcar en el país y se hizo necesario importarlo.

Según anécdotas de trabajadores de estos centrales azucareros, algunos de estos centrales recibieron azúcar importado a granel y lo reempacaban en presentaciones de detal para hacer creer que había sido producido por ellos y se mostraba en cadena nacional de radio y televisión escenas de los empleados empacando el azúcar, mientras Chávez decía que era producción nacional.

Así, en diversas empresas expropiadas por Chávez y posteriormente por Maduro, se practicó una estrategia de fraude comunicacional para engañar a la nación y al mundo, presentando números e imágenes que en ningún modo obedecían a la realidad.

Hoy por hoy estamos convencidos que esta fiebre de expropiaciones del chavismo, fue una de las principales causas de la escasez, la miseria, el desempleo, el hambre y que hoy nos obliga a ver las imágenes de gente buscando comida en la basura como último recurso.

Aun así, actualmente el dictador Maduro sigue diciendo con total cinismo, que el desabastecimiento en el país es por culpa de la llamada «guerra económica» llevada a cabo por el sector privado y apoyado por el imperio, pero es que el chavismo ha sido como un rey Midas, que todo lo que toca lo destruye.

Maduro repite hasta el cansancio que la causa principal de la crisis económica y humanitaria que atraviesa el país es la guerra económica de los Estados Unidos contra la Revolución bolivariana. En pocos años, pasó en su discurso, de negar completamente la crisis humanitaria a decir que ésta, reconociendo al menos su existencia, es culpa de las sanciones impuestas por el país norteamericano y Europa a la nación y no de los continuos desmanes de la revolución. Es ese el mismo discurso mantenido por los Castro por décadas en Cuba, donde todo lo que padece el pueblo cubano es culpa del bloqueo económico.

Pero una vez más, esta tesis es desmontada recientemente por el informe de la alta comisionada de las Naciones Unidas para los derechos humanos sobre la situación de derechos humanos en Venezuela presentado el pasado 4 de julio, en sus numerales 25 y 27 que dice literalmente lo siguiente:

25.- "La gran mayoría de las sanciones que han sido impuestas a la fecha por varios Estados y una organización regional son de naturaleza selectiva y consisten en prohibiciones de viaje y congelación de activos dirigidas a unas 150 personas, incluyendo a altos funcionarios de Gobierno, o embargos de armas. Hasta la fecha un país ha impuesto sanciones sectoriales más amplias a partir del 29 de agosto de 2017. El 28 de enero de 2019, sanciones fueron impuestas a la empresa petrolera de propiedad estatal, PDVSA, también bloqueando bienes y participación en bienes de sus subsidiarias dentro de la jurisdicción estadounidense".

27.- "La economía venezolana, especialmente su industria petrolera y los sistemas de producción de alimentos, ya estaban en crisis antes de que se impusiera cualquier sanción sectorial. Las cifras publicadas por el Banco Central de Venezuela el 28 de mayo de 2019 muestran que los indicadores económicos fundamentales empezaron a degradarse drásticamente mucho antes de agosto de 2017".

Según Observatorio de Derechos de Propiedad del Centro de Divulgación del Conocimiento Económico (CEDICE), Venezuela posee 916.445 kilómetros cuadrados, y el chavismo ha expropiado aproximadamente el 5% del territorio nacional durante su permanencia en el poder. Esto es, el equivalente al territorio del estado Anzoátegui.

Intervención de la industria privada

Se intervino el mercado automotriz, para supuestamente darle acceso a las clases humildes a adquirir un vehículo, generando mafias y tráfico de influencias en la comercialización, y los automóviles multiplicaron vorazmente su precio en poco tiempo, y el país llevó al mínimo la producción de vehículos.

También se intervino la producción de soluciones habitacionales, con leyes siempre inconclusas, como la Ley de emergencia de terrenos y viviendas, o la ley para la regularización y control de arrendamientos y viviendas, entre otras, logrando exactamente todo lo contrario, y el precio de la vivienda y los alquileres aumentaron descomunalmente de precio y se hizo inaccesible comprar una vivienda. En ese mismo momento, se tomaron las centrales de producción de Cemento, por considerarse de interés nacional, y desapareció literalmente, el cemento del mercado.

Estas intervenciones produjeron grandes mafias por el tráfico de influencias para la adjudicación de proyectos multimillonarios de construcción de viviendas, que se asignaban a empresas de maletín relacionadas a los mismos personeros del gobierno que engordaron groseramente sus cuentas en dólares en el extranjero.

Control de precios y control de cambio

Luis Vicente León[3], siempre ha repetido que «todo control de precios genera inflación y todo control de cambio genera corrupción», y estas son máximas económicas que no fallan y en el mercado venezolano han llegado a su máxima expresión.

El gobierno de Chávez y posteriormente Maduro, mantuvieron este esquema de controles, que llegó a convertirse en una persecución recia contra los empresarios privados, llevando a miles a la quiebra o abandonar el país.

---

[3] **Luis Vicente León**, es un reconocido economista venezolano que dirige la encuestadora DATANALISIS.

Con la excusa del control de precios, se expropió o clausuró miles de empresas, acusando a sus propietarios e incluso encarcelándolos por acaparadores. Esta fue realmente una guerra económica, pero del gobierno contra la empresa privada.

Si hay algo que dio origen a un foco de corrupción exorbitante en entes públicos y privados, que facilitó la fuga de cientos de miles de millones de dólares de los fondos nacionales, fue esa obsesión desatinada por mantener un control de cambio que frenara la fuga de capitales y un eventual desplome de las reservas internacionales, lo cual terminó generando un super complicado sistema económico de divisas, totalmente disparatado, que llegó a contar oficialmente con tres tasas simultáneas de cambio para la divisa americana, y que propició un mercado paralelo ilegal o mercado negro absolutamente incontrolable. Mantener este coctel de tasas de cambio buscaba a su vez, vender la idea que en Venezuela se tenía el salario en dólares más alto de toda Latinoamérica, algo que vociferaba Chávez de forma permanente.

Todos estos incompresibles desbarajustes del sistema económico nacional permiten a la dictadura y sus secuaces, desviar millones de dólares con facilidad hacia destinos internacionales y justificarlos siempre con la guerra económica que mantiene el imperialismo contra la revolución.

Este disparate, y un manejo estulto de la economía han llevado al país a atravesar la inflación históricamente más alta de que se tenga conocimiento en el mundo, que supera un millón por ciento al momento de escribir estas líneas, con ninguna estimación de detener su subida exponencial. Esta situación terminó por destruir lo que aún quedaba en pie de la industria del país y trastocó la lógica del sistema de precios a todos los niveles, profundizando la dependencia del petróleo que siempre ha tenido Venezuela como nunca antes.

Al día de hoy, existe una dolarización de facto, no

reconocida por ninguna autoridad nacional, pero practicada por buena parte de los venezolanos. La compra de víveres, artículos de uso personal, vestido o enseres, se realiza en dólares, así como vehículos y viviendas. Sobre todo en los estados fronterizos con Colombia, esta dolarización es un hecho que salta a la vista, pues en la práctica la moneda nacional que es el bolívar, no es aceptada para la compra o venta de productos o servicios, pues se exige que los pagos sean en dólares, euros o en su defecto en pesos colombianos. Algo muy parecido sucede en la frontera con Brasil.

Adicionalmente en casi todo el territorio nacional, poco a poco se ha ido generalizando el trueque de productos o el pago con oro, joyas u otras monedas.

Petróleos de Venezuela. PDVSA

Chávez, intervino a *PDVSA*[4], que en su mejor momento llegó a ser la tercera empresa petrolera más importante del mundo, y la convirtió en su caja chica, con cuya chequera petrolera, apoyó personajes políticos y procesos electorales en Ecuador, Bolivia, Argentina, Brasil, Nicaragua, Honduras, España y otros países, sin apenas rendir cuentas a la nación de su brutal derroche internacional.

Chávez de forma inaudita, se empeñó en convertir a Petróleos de Venezuela (PDVSA), una de las empresas petroleras más importantes del mundo, en el ente que administra y distribuye la mayor parte de los alimentos en el país, generando innumerables casos de redes de corrupción descomunal a nivel nacional e internacional.

Por medio de PDVSA también se entregó petróleo a Cuba, y otras islas del caribe con intercambios desventajosos

---

[4] Petróleos de Venezuela S.A. (PDVSA) es la empresa estatal venezolana dedicada la explotación, producción, refinación, mercadeo y transporte de petróleo, gas venezolano y adicionalmente de alimentos.

para la nación, y hoy (año 2019), PDVSA está técnicamente quebrada, sin mantenimiento y con una producción mínima diaria de crudo.

Es inaudito decir que un país petrolero, y precisamente el que posee "la reserva petrolera más grande del planeta", hecho por demás vociferado por el régimen hasta el cansancio, no cuente con un inventario de gasolina para surtir su propio mercado interno, cuando hasta hace pocos años en el mercado nacional "la gasolina venezolana era la más barata del mundo". La dictadura chavista, como es costumbre, echa la culpa de esta situación de escasez de gasolina, a las sanciones aplicadas por los Estados Unidos a funcionarios corruptos y ligados al narco tráfico y al lavado de dinero.

Esta escasez de combustible, aunado a la falta de repuestos, hace que ciudades que no hace muchos años padecían de tráficos infernales, hoy parezcan ciudades fantasmas donde pocos vehículos transitan, al mejor estilo de la Cuba comunista.

Crisis Eléctrica

La gran industria de producción eléctrica venezolana se dejó al abandono y sin mantenimiento, y aunque especialistas, incluso del mismo gobierno lo advirtieron en su momento, como el caso de *Luis Tascón*[5], la falta de inversión y mantenimiento llevaron a la empresa al colapso energético del país, que debe sufrir racionamiento eléctrico, a veces de más de 24, 48, 72 y hasta más horas.

La crisis eléctrica del país, a su vez recrudece la gravedad de la crisis hospitalaria y de salud, pues los centros

---

[5] **Luis Tascón** fue un ingeniero electricista, Diputado por el Chavismo, y creador además de la lamentablemente famosa lista de Tascón, utilizada por el chavismo para impedir la contratación por cualquier organismo gubernamental de toda persona con afinidad contraria al partido de Gobierno.

asistenciales y hospitales públicos y privados sufren de los cortes eléctricos por lapsos que no son soportados por sus plantas eléctricas y se ven afectados pacientes en quirófanos y otros equipos como los de diálisis, respiradores y toda la infinidad de aparatos que requieren electricidad en un centro médico.

Adicionalmente los cortes prolongados complican la ya compleja situación de inseguridad en las calles pues es la delincuencia quien aprovecha la oscuridad para adueñarse de las calles.

Y por supuesto, la ausencia de electricidad produce continuas pérdidas en hogares y empresas producto de la descomposición de los alimentos que deben mantenerse refrigerados.

Esta misma crisis eléctrica ha generado corrupción en la supuesta búsqueda de soluciones, pues se designó a personeros enviados por Cuba, que poca experiencia tienen en el tema eléctrico, como encargados de resolver dicha crisis.

Narco tráfico de estado

Desde el momento que Chávez conquista la presidencia de Venezuela, su cercanía con las FARC y el ELN, grupos ineludiblemente afines a la dictadura cubana, fue notoria. Este brindó apoyo logístico y económico a la causa de estas guerrillas de corte marxista contra la oligarquía colombiana. No fueron pocas las veces que el comandante admitió públicamente su simpatía por estos grupos, reconociendo su supuesta lucha histórica. Se ha comprobado que Chávez permitió estratégicamente utilizar a Venezuela como puente de pasó del narcotráfico rumbo al mundo entero. Pero este convenio incluyó, la participación de la parte venezolana en el tráfico de dicha mercancía, momento en que entra la fuerza armada, en la figura de sus jerarcas, a ser parte esencial de este mercado, poniendo en esta empresa, la logística nacional del cuerpo armado del país en función del narcotráfico. El más adelantado de todos ellos, llegó a ser Diosdado Cabello, hoy el segundo hombre del poder.

Emili J. Blasco, en su libro *Bumerán Chávez*[6], publicado en 2015, relata extensamente, las relaciones entre Chávez, junto a sus ministros Rafael Ramírez y Rodríguez Chacín, con la guerrilla colombiana de las FARC, para negociar drogas, ganado, alimentos, armamento y diverso equipamiento militar. Este libro se adentra de forma certera y profunda, en todos los fraudes que llevaron al colapso a Venezuela y la profunda filiación del chavismo con el narcotráfico internacional.

Un paraje del realismo mágico

Solo en Venezuela, las panaderías no tienen pan, ni las carnicerías carne. Los hospitales no tienen insumos, y el personal médico asistencial prácticamente ha huido del país en una estampida que aún no se detiene.

Las fuerzas armadas del país, están comandadas por militares y civiles cubanos e incluso rusos. Todas las instituciones del Estado, están manejadas en sus altas esferas, por personal cubano. Así como también sus sistemas informáticos y de telecomunicaciones tienen personal cubano en algún nivel.

La compañía anónima nacional de teléfonos de Venezuela, CANTV, una de las más avanzadas del mundo antes de Chávez, está prácticamente desmantelada y con equipamiento fuera de servicio, obsoleto y sin mantenimiento, presentando cortes del servicio continuamente, además con un control de

---

[6] **Bumerán Chávez**, es un libro del periodista español Emili J. Blasco que presenta la cruel realidad de la Venezuela de Chávez y de Maduro como el gran desastre latinoamericano contemporáneo.

las comunicaciones por espionaje.

La mayoría de los medios de comunicación impresos, radio, televisión y online, están dominados por la dictadura o forman parte de su muy amplia red de medios.

Existen bandas armadas motorizadas conformadas por delincuentes que son mantenidas por el gobierno, y que se dedican a amedrentar y atacar a opositores en sus manifestaciones. Como fuerza de choque civil de la dictadura, al mejor estilo de *"las camisas pardas[7]"* de Hitler, se dedican a asesinar de forma impune y a estar preparados ante una eventual invasión del imperio norteamericano.

La información es limitada. Las redes sociales son la única opción para opinar e informarse a nivel nacional, y aun así son monitoreadas por el ente nacional de comunicaciones, CONATEL (Comisión Nacional de Telecomunicaciones).

La inseguridad es desorbitante, con más muertos diarios por violencia en promedio que un país en guerra, aun cuando la tasa ha bajado, producto de la migración de unos cinco millones de personas en los últimos años hacia cualquier país del mundo.

Una dictadura que mantiene infinidad de presos políticos y perseguidos y desaparecidos, a los que prefiere llamar políticos presos. Una oposición que está completamente anulada gracias a la manipulación del régimen para mantenerlos divididos y ocupados en situaciones triviales.

En los últimos años, el chavismo ha utilizado el aumento del sueldo mínimo nacional con un populismo grotesco, decretando aumentos con frecuencia increíble. Dichos sueldos, que no pasan de 3 o 4 dólares mensuales al cambio, que alcanzan para comprar apenas medio cartón de huevos y

---

[7] **Los Camisas Pardas**, fue una Organización civil violenta (Sturmabteilung), creada por Hitler y que perseguía a comunistas, rebeldes, judíos, religiosos y homosexuales, cuyo lema fue *"Sólo se puede acabar con el terror mediante el terror"*.

un kilo de harina, o un pollo y poco más… eso en el caso de lograr encontrar esos productos.

Adicionalmente sucede algo incompresible, la inflación en Venezuela afecta incluso al que compra en dólares. Ni siquiera en dólares los precios de los productos se mantienen ni tienen una lógica de mercado. Realmente lo que se vive es una anarquía económica.

Son miles los venezolanos que cada día cruzan las fronteras para abandonar el país, en una estampida que no se detendrá mientras el chavismo mantenga el poder. Mas de cuatro millones de venezolanos han huido y han creado una crisis migratoria en la región no vista nunca antes.

En definitiva, un paraje sin luz, sin agua, sin medicinas, sin comida, sin médicos, sin educadores, sin información, sin gasolina, con transporte público y comunicaciones limitadas… con delincuencia desbordada, explotación minera al estilo de la fiebre del oro, una tierra sin ley, tráfico de droga, tráfico de influencias, tráfico clandestino de gasolina, tráfico clandestino de todo…

> La dictadura chavista de Maduro, le grita al mundo que la crisis humanitaria de hoy es producto de las sanciones aplicadas a funcionarios del gobierno relacionados a corrupción y narcotráfico, pero la realidad es que la crisis fue generada progresivamente por ellos mismos muchos años antes, con toda la ola de expropiaciones y el ataque feroz a la empresa privada.

El retorno de la tortura y la represión

Sin negar que antes del chavismo hubo aplicación de la tortura como método de represión o para obtener información, con el advenimiento de Chávez al poder, gradualmente retornó el uso y abuso de la tortura por parte de los entes de seguridad e inteligencian y contrainteligencia de la dictadura, como el SEBIN, el DGCIM, la guardia nacional y otras instituciones, en la que participan activamente además elementos cubanos y miembros de los colectivos armados creados por el chavismo para atacar y neutralizar a los factores de oposición por la vía del terror.

La represión contra marchas y protestas opositoras de parte de los entes de seguridad del estado como la Guardia Nacional, la policía Nacional, apoyados además de los grupos colectivos civiles armados, es totalmente desproporcionada y brutal y tales hechos son permanentemente registrados básicamente por medios de comunicación internacionales y redes sociales, pues los pocos medios locales libres tienen prohibida la emisión de noticias que muestren hechos que vayan contra la popularidad de la dictadura. Aun así, las imágenes que salen a la luz pública son, de forma inmediata, tachadas por parte de las autoridades como burdos montajes para atacar al gobierno y la revolución bolivariana.

En dichas protestas son innumerables los heridos por perdigones e incluso balas. Tan solo en 2017 durante cuatro meses de protestas fueron asesinados al menos 163 personas a manos de fuerzas militares y colectivos. Igualmente, para 2018 se produjeron 14 muertes según El Observatorio Venezolano de Conflictividad Social (OVCS) en el contexto de manifestaciones y en 2019 ACNUDH registró 66 muertes entre enero y mayo.

Como en toda dictadura, y al mejor estilo de las películas de Rambo, se han creado centros de reclusión como la famosa y temida tumba[8] de plaza Venezuela o El Helicoide[9], donde se practican las más feroces técnicas de tortura contra individuos retenidos temporal o permanentemente, y a donde no tienen acceso ni familiares ni medios de comunicación.

---

[8] **La Tumba** es un sótano macabro a donde son llevados detenidos los opositores de la dictadura de Maduro, en sede del Servicio Bolivariano de Inteligencia Nacional (SEBIN) en Caracas.

[9] **El Helicoide** es un edificio icónico de Caracas edificado en una colina que también funciona como una de las sedes principales del SEBIN.

Torturas que van desde oscuridad absoluta o luz permanente, frío o calor extremo, torturas con sonido, torturas con electrocución en diversas partes del cuerpo incluidos los genitales, torturas con golpes directamente sobre el cuerpo o con protección de cobijas para evitar las marcas, torturas con asfixia con bolsas plásticas o por inmersión en agua, torturas por aplastamiento o cualquier otra clase de tortura que nos podamos imaginar.

Tales procedimientos de tortura ensañada, con bastante frecuencia terminan en la muerte de los detenidos por el exceso de brutalidad de la misma. Esos casos son posteriormente camuflados y presentados al público o bien como suicidios o como muertes accidentales como sucedió con el concejal *Fernando Albán* [10]que fue lanzado de un piso alto de un edificio por efectivos de seguridad, o más recientemente el caso del capitán Rafael Acosta Arévalo que murió al ser víctima de aplastamiento, tortura, traumatismo y electroestimulación mientras estaba detenido, acusado de conspirar.

Esta situación de uso de la tortura en Venezuela ha quedado firmemente documentada en el más reciente <u>informe de la alta comisionada de las Naciones Unidas para los derechos Humanos sobre la situación de los derechos humanos en la República Bolivariana de Venezuela,</u> ACNUDH, presentado el pasado 4 de julio de 2019, que en su numeral 43 reza literalmente lo siguiente:

> 43.- "… En la mayoría de estos casos, se sometió a las mujeres y los hombres detenidos a una o más formas de tortura o trato o pena cruel, inhumana o degradante, como la aplicación de corriente eléctrica, asfixia con

---

[10] **Fernando Alberto Albán Salazar** fue un político venezolano opositor a la dictadura de Maduro, concejal del municipio Libertador de Caracas, que murió (asesinado) al ser lanzado al vacío el 8 de octubre de 2018 mientras estaba detenido en la sede del Servicio Bolivariano de Inteligencia en Plaza Venezuela.

bolsas de plástico, simulacros de ahogamiento, palizas, violencias sexuales, privación de agua y comida, posturas forzadas y exposición a temperaturas extremas. Las fuerzas de seguridad y los servicios de inteligencia, especialmente el SEBIN y la DGCIM, recurrieron de manera habitual a esas medidas para extraer información y confesiones, intimidar y sancionar a las personas detenidas. Las autoridades no han investigado con prontitud, efectividad, exhaustividad, independencia, imparcialidad y transparencia las denuncias creíbles de torturas y malos tratos, incluyendo casos de violencia sexual y de género, no han puesto a los presuntos responsables a disposición de la justicia, ni han proporcionado reparaciones a las víctimas. En particular, a menudo las autoridades judiciales han invertido la carga de la prueba al rechazar abrir investigaciones a menos que las víctimas identificaran a los responsables. Según el Ministerio Público, se han registrado 72 denuncias por supuesta tortura y otros malos tratos respecto de 174 personas detenidas en el contexto de protestas entre 2017 y 2019. No se proporcionó información respecto del estado de las investigaciones". (Informe ACNUDH, julio 2019)

Este informe, presentado por Michelle Bachelet luego de la visita junto a su equipo de especialistas en derechos humanos a Venezuela, representa un duro golpe al chavismo ante la opinión internacional, toda vez que detalla de forma cruda y específica la realidad que se padece en Venezuela como consecuencia de las múltiples y permanentes violaciones no solo a la libertad de opinión y expresión, sino además el uso con ensaña de represión selectiva y persecución por razones ideológicas por parte de la dictadura de Nicolás Maduro en los años recientes.

"…Revoluciones que son un día de fuego y cincuenta años de humo". André Malraux (1901-1976)

Capítulo 3

De cara a la restauración

Un proceso de reconciliación nacional no meramente se decreta, es un trabajo complicado como necesario, e igualmente la necesaria sanación de la psiquis colectiva requiere de un trabajo conjunto bien profundo, que debe ser abordado desde ya por especialistas multidisciplinarios, además como política de estado.

Con el chavismo, se acentuó la división y el odio entre clases. El pueblo contra el anti pueblo, como lo dice *Gloria Álvarez* repetidamente. El resentimiento fue leña para el fuego de la guerra populista que a Chávez le logró el apoyo definitivo de las masas.

Esos odios, esos resentimientos, esa sed de venganza, ese sentimiento de división hay que sanarlos para poder reconstruir nuestra nación. Si se retoma el poder y el orden democrático con revanchas pendientes en el subconsciente, estaremos condenados a repetir la historia, tarde o temprano.

Las verdades a la medida elaboradas fantásticamente por el chavismo, les ha permitido dividir y casi anular los esfuerzos de sus oponentes, además de confundir profundamente a la sociedad en general, tanto a nivel nacional como a nivel mundial, convirtiendo la realidad venezolana en un verdadero realismo mágico, del cual, como no sabes cómo carajo entraste, mucho menos puedes atisbar la vía de escape.

Salir de este caos es como salir del laberinto del minotauro[1], tal vez sea una empresa posible, sobre todo si se cuenta con la ayuda externa de una figura como Ariadna y su ovillo de hilo de oro, pero el laberinto está dominado por el terrible minotauro, que es realmente el monstruo a aniquilar primero, para poder escapar, y luego para eliminar la permanente amenaza del minotauro. Pero también necesario es destruir el laberinto, una vez aniquilado el temible monstruo.

Hoy por hoy, no se trata solo de salir del Chavismo y de Maduro, eso es solo un paso, aun cuando no es nada sencillo, como lo sería salir del laberinto del minotauro, despojar del poder a esta banda de delincuentes, narcotraficantes y corruptos que se apoderaron del gobierno y de todas las instituciones del poder, montados sobre la ola populista de Chávez con su máscara de demócrata, es solo parte de la apoteósica batalla.

La tarea más ardua a la que nos enfrentaremos, será la de la recuperación de la cultura, de la moral, del buen vivir, como cualquier país democrático desarrollado del mundo. Recuperar la degradación de la psiquis colectiva no será una tarea fácil, pues la infección de la inmoralidad y la corrupción fue impregnada hasta los tuétanos. Por mera supervivencia, el venezolano humilde debió aprender de la viveza, del oportunismo, de la trampa, debiendo conformarse solo con

---

[1] El laberinto del Minotauro es uno de los mitos griegos más conocidos. El minotauro era un monstruo, mitad humano, mitad toro que se alimentaba de carne humana. Por orden del rey Minos, Dédalo construyó el laberinto de Creta para mantenerlo encerrado. Teseo se internó en el laberinto, mató al Minotauro y logró salir siguiendo el hilo de oro que le había dado Ariadna, la hija del rey Minos.

recibir miserias del estado, miserias que debía agradecer como si fueran grandes dotes. Se creó con esto, además, una cultura de facilismo miserable, de conformismo, pero increíblemente de forma paralela se generó una cultura de canibalismo entre conciudadanos, un sálvese quien pueda, donde el fin justifica los medios, y el fin es simplemente sobrevivir.

En el libro La Rayuela de Pablo, un laberinto de reflexiones sobre Venezuela, escrito por Francisca Gil y Vladimiro Mujica, se ahonda en profundas reflexiones necesarias como venezolanos, que nos invita a asumir responsabilidades como individuos y como colectivo, para empezar a sanar el inconsciente colectivo de la nación ante la gran empresa de la restauración de la democracia y la libertad en Venezuela.

Salir de esto, sin antes reconocer como venezolanos que todos hemos jugado, consciente o inconscientemente este juego macabro como en el film de los *juegos del hambre*[2], es jugar al temerario quehacer de una recaída latente. La nación entera, en su psiquis colectiva está enferma, está herida, y no tratar de sanarla a tiempo, nos puede traer más males que beneficios. Los resentimientos y venganzas que fueron implantadas, deben ser extirpados del sentir colectivo.

Esto no implica para nada, que debamos dar cabida a la impunidad. Por supuesto que debe reinar la justicia, y debe ser aplicada duramente ante tantos crímenes cometidos. Y ante esto, de aplicarse algún tipo de amnistía, no debería considerarse para los individuos que cometieron crímenes contra el pueblo y contra la nación. Así como también es ilógico que se abra la puerta a una cohabitación en el poder a los actores del genocidio que nos diezma como venezolanos, como lo plantean algunos sectores en la actual coyuntura.

---

[2] **Los Juegos del Hambre** es un film de ciencia ficción, que trata de una competición anual obligatoria en la que 24 participantes pelearán a muerte un territorio televisado hasta que solo uno quede vivo.

Muchos especialistas coinciden en que el desarrollo psíquico y emocional de las últimas generaciones de venezolanos está comprometido dada la mala alimentación que están recibiendo nuestros niños en sus primeros años de vida y a la realidad de distorsión moral y social que viven en su día a día de supervivencia. Eso, es un tema que habrá que enfrentar responsable y arduamente una vez recuperada la soberanía nacional.

La pérdida de valores generalizada a la que fuimos llegando progresivamente, y a niveles metastásicos actualmente, fue producto, esencialmente, del poco interés por la inversión en el ámbito de la educación de quienes ostentaron el poder y la influencia política durante décadas en Venezuela.

Durante los inicios del chavismo, se trató de crear una sensación de impulso a la educación, pero se centró básicamente en presentar números altos de matrícula académica, para llamar la atención nacional e internacionalmente, pero sin un proyecto claro, ni orientado a una educación real ni de pensamiento crítico, por el contrario, enfocado en la siembra de ideología comunista.

Entre las diversas personalidades de la intelectualidad venezolana que advirtieron tempranamente hasta el cansancio lo imperioso que era invertir en la educación, resaltan personajes como Renny Ottolina, el Dr. Arturo Uslar Pietri, Luis Alberto Machado con su revolución de la Inteligencia o el profesor Luis Beltrán Pietro Figueroa (1902-1993) que decía: *"Hay quienes quieren a un magisterio sumiso, arrinconado, incapaz de levantar la voz; pero un pueblo que tenga maestros de esa categoría tendrá que ser un pueblo de esclavos"*.

La educación debe ser uno de los ejes centrales del proceso de reconstrucción de la nueva Venezuela. Una educación de calidad, crítica, planificada, que sea política de estado, puede llevarnos más lejos que toda la reserva petrolera subyacente en nuestro suelo patrio. Y un proyecto político con especial enfoque en la educación, aplicado en su momento, nos hubiese ahorrado toda esta tragedia que nos ha dejado el moribundo chavismo.

En el proceso de reconstrucción de la nación, la moral y la ética deben ponerse en un lugar privilegiado e infundirse desde los niveles más básicos de la educación. El nuevo sistema educativo, debe mantenerlas como eje. La ignorancia como la inmoralidad y la corrupción son las grandes enfermedades a erradicar.

La democracia en Venezuela como en toda Latinoamérica, sucumbió gracias a la ignorancia de sus actores políticos y empresariales, al populismo y a los caudillos mesiánicos que supieron engañar a unos y otros, y manipular el inconsciente colectivo que nos impulsó a un socialismo salvaje, de convicciones y presupuestos anacrónicos y desfasados, orientados cínicamente al autoritarismo más perverso.

Conocer al enemigo

Se debe reiterar que para enfrentar a este régimen y recuperar la democracia, se debe tener conciencia de la clase de monstruo al que nos enfrentamos. El Chavismo, no es un régimen autoritario convencional, no es una tradicional dictadura de derecha o de izquierda, sino una macabra mezcla de marxismo, con sus toques castristas, enfocados por encima de todo en mantener el poder, sin atender a costos políticos, sociales o violación a las libertades y los derechos humanos, aliado de facto a la delincuencia organizada, el narcotráfico, guerrillas y grupos de terrorismo internacional.

Utilizan el poder absoluto para saquear como parásitos todos los recursos del estado, por lo que odian la propiedad privada, el libre mercado y sobre todo el libre pensamiento.

Manipulan a sus seguidores con mentiras, manejo

psicológico y con absurdas y permanentes teorías de conspiración, atentados autoinfligidos de los que siempre salen victoriosos, para darse ese toque de ungidos, de elegidos por una divinidad, con el fin anular el criterio personal, y convertir al individuo en servil y dependiente del estado.

Conociendo el perfil de este enemigo, se deben tomar las todas las medidas adecuadas, ante las diversas tácticas dilatorias practicadas por la dictadura para ganar tiempo y anular toda acción de lucha opositora, como hasta ahora ha logrado. Solo una nueva estrategia, en base a esto, podrá tener éxito ante esta banda de delincuentes a cargo del gobierno de Venezuela.

Contra un enemigo no convencional, no se pueden usar métodos convencionales ni ingenuos, ni con bailoterapia se tumba a derroca un gobierno de extremistas.

Capítulo 4

Venezuela vista desde fuera

Nunca serán muchas las voces que expongan la situación venezolana, es obligado que en cualquier lugar del mundo donde haya un venezolano, levante su voz, y muestre la realidad oculta tras la careta democrática de un régimen autoritario dirigido por delincuentes, maquiavélicamente llegados a la política, que se venden como salvadores de los pobres.

En esta época de diáspora, ha sido muy interesante y sobre todo doloroso para los venezolanos que hemos tenido la oportunidad de estar en diferentes países del mundo, escuchar lo que algunas personas, inocentemente, creen que pasa en Venezuela.

Desde fuera de Venezuela, los mismos venezolanos, a pesar de la desinformación que intenta a toda costa imponer la dictadura, podemos ver las cosas de una manera más clara, y además se puede comparar la realidad, lo que es posible vivir cuando existe verdadera democracia y desarrollo. Estando dentro del país, la situación es muy diferente pues lo esencial es sobrevivir, las prioridades son otras, además de estar sometidos a las limitaciones en cuanto comunicación y libertad de expresión.

Globalmente se sabe el nivel de destrucción que vive Venezuela, catástrofe que abarca todos los ámbitos de la vida nacional. Pero es tal la campaña de desinformación, estratégica y tácticamente manejada desde la misma Venezuela, en alianza con Cuba y los países que aún son dominados por el yugo comunista que sembró Chávez aprovechando la abultada chequera petrolera con la que compró y apoyo líderes de toda Latinoamérica y el mundo, que es fácil encontrar mexicanos humildes, o chilenos o españoles, o incluso "gringos", que todavía creen que Chávez era un mesías salvador, y que Maduro es adorado por la mayoría de los Venezolanos, siendo atacado injustamente, solo por un grupo de ellos que lo odian y que son financiados por el imperio yanqui y las oligarquías apátridas.

Es sorprendente ver, como lo resaltó la joven Gloria Álvarez en sus palabras ante el Parlamento Iberoamericano de la Juventud, la admiración absurda que se mantiene en los países más pobres del mundo, sobre todo en América latina, por las dictaduras de Cuba y Venezuela y no reconocen las atrocidades y violaciones a los derechos humanos que se comenten permanentemente, porque solo ven que hay, supuestamente, educación o salud gratis.

Viendo y escuchando esto, de la boca de personas inocentes que tienen esperanzas en lo que les proclaman y venden líderes populistas que defienden el régimen chavista, entendí la necesidad de mostrar lo que ocurre realmente en Venezuela, contado por un venezolano de a pie, un venezolano común y corriente que ha padecido esa realidad.

Estas páginas solo quieren mostrar lo que se vive en Venezuela, en sus calles, en sus hogares, en el corazón de los venezolanos más allá de lo que forzosamente, la narcodictadura pretenda mostrar a través de su aparato comunicacional en el mundo entero.

Estas páginas, solo quieren alertar, a nuestros países vecinos que naricean con el socialismo del siglo XXI venezolano, que no es sino un comunismo cubano remozado, y que se juegan opciones que pueden llevarlos a la debacle que atraviesa Venezuela, donde hace menos de dos décadas, se decía con ligereza: "Venezuela no es Cuba, aquí jamás se implantaría el comunismo". Y solo algunos años después, tenemos un país arrasado totalmente por la ideología cubana, encontrándonos hoy, peor que la isla caribeña en su peor momento durante el periodo especial de los 90s.

Hoy por hoy, año 2019, el gobierno mexicano sigue, aunque con sigilo, los pasos que tomó Chávez en sus inicios, siendo, además, uno de los pocos gobiernos, que no toma postura ante lo que sucede en Venezuela, manteniéndose neutral y mostrando al contrario cierto apoyo al régimen dictatorial de Maduro y sus delincuentes.

México en la cuerda floja

En México el populismo puesto en marcha por López Obrador, no está muy distante de ser una copia del plan de Chávez para conquistar al pueblo y las clases humildes, sembrando de paso la división y el odio, y en algunos casos, hasta los discursos son copias al calco, al estilo mexicano, de lo que Chávez gritaba a voz en cuello día tras día. Al menos López, tiene en su haber una carrera política, que podría ser una ventaja al ser hombre de estado, y que le permitiría hacer virajes políticos en un momento dado. Hasta ahora solo ha demostrado seguir la ruta del comandante. Mas aun, conociendo los nexos que tanto él como algunos miembros de su partido tuvieron con Chávez, con Fidel y ahora con Maduro, visitando además a Venezuela con cierta frecuencia.

Es oprobiosa la dura defensa que hacen desde el partido de Obrador, a la dictadura genocida de Maduro, idealizando groseramente la realidad venezolana, minimizando la crisis, y victimizando a la banda de delincuentes que gobierna a

Venezuela.

Caen las mentiras

Es alentador al menos, que el aparente avance arrasador del socialismo del siglo XXI, impulsado por Chávez y alimentado por la chequera petrolera que le acompañó desde los inicios de su gobierno, que impulsó fuertemente victorias consecutivas de la izquierda principalmente en Bolivia, Ecuador, Argentina, Brasil, Nicaragua y Honduras, se ha ido desvaneciendo con la caída de sus aliados inicialmente en Argentina y Brasil y posteriormente en Ecuador y Honduras, manteniéndose todavía, aunque tambaleante Evo Morales en Bolivia y Ortega en Nicaragua.

Aun así, ese empoderamiento temporal, sirvió para crear un aparato comunicacional continental encabezado por la Televisora del Sur (TeleSur)[1] y La Radio del sur e infinidad de radios y televisoras comunitarias y medios impresos, que vorazmente propagan información propicia a sus intereses, y el veneno ideológico comunista con la máscara de la igualdad y la lucha contra las oligarquías.

Es de acotar que, en Venezuela, la dictadura chavista domina la mayoría de los medios de comunicación, impresos, online, radio y televisión, con una poderosa penetración en las redes sociales.

---

[1] Telesur es un canal internacional de televisión de noticias, creado y financiado por el gobierno venezolano para proyectar el socialismo, con sede en Venezuela.

Capítulo 5

Admiración por el comunismo

A veces da la impresión que los conceptos de igualdad, libertad, solidaridad o bien común, son propiedad exclusiva de las ideologías socialistas y de izquierda, pero si vemos la realidad histórica, en todas las experiencias donde exitosamente han llegado al poder, han significado todo lo contrario, llevando a sus pueblos, miseria, desigualdad y pérdida de libertades.

Vivimos en un mundo occidental supuestamente capitalista, pero donde contradictoriamente reina la intelectualidad de tendencia comunista, socialista o al menos izquierdista que, aunque van perdiendo prestigio, por los resultados a la vista de las puestas en práctica, siempre está en la palestra y son respetados por todas las tendencias, incluso en los Estados Unidos y países desarrollados o del primer mundo.

Esta abundancia de intelectuales o pseudointelectuales de izquierda, ha creado en la sociedad humilde, en los más ignorantes, en los pobres, una distorsión de las realidades históricas y sociales, donde se reparten culpas para la pobreza y la miseria, se sataniza a los que logran acumular riquezas. Hay en la sociedad resentimientos creados y que van a impedir su madurez política, cultural e intelectual, con un criterio objetivo.

Por allá por los años setentas, ochentas e incluso los noventas, fue una moda en diversos claustros universitarios públicos venezolanos y latinoamericanos en general, decirse y sentirse comunista, socialista o por lo menos de izquierda, y alardear de ello. Podría decirse que llegó a verse como algo intelectual, aunque no se cuestiona que muchos fueron y siguen siendo verdaderos intelectuales respetables.

Proliferaron disímiles movimientos izquierdistas, básicamente comunistas, que acostumbraban a calentar las calles literalmente, con frecuentes protestas altamente violentas para presionar el choque con las autoridades del momento, coordinadas estas acciones, por profesionales del vandalismo "universitario", usualmente apoyados por partidos políticos, e incluso con nexos con la dictadura cubana que desde sus inicios de forma permanente ha intentado penetrar y desestabilizar a toda Latinoamérica, para el logro de sus objetivos.

Los claustros universitarios eran y son una excelente base de operaciones por gozar de la sabida autonomía universitaria, que impide el ingreso de las autoridades al recinto sin un previo proceso administrativo.

Con el paso de los años y las décadas, estos individuos, se plegaron a las oportunidades de turno, como el caso de la marea chavista que sumo a todos estos líderes de la calle que tenían fuerza de arrastre de masas. Jorge Rodríguez actual vicepresidente, Tareck El Aissami o Elías Jagua pudieran ser ejemplos de ello.

Particularmente en Venezuela, no todos los que se decían comunistas desde los claustros, se plegaron al gobierno de Chávez, al contrario, fueron marcando distancia a medida que avanzaba su tiempo en el poder, reconociendo con gran criterio que las intenciones de la revolución no eran en ningún modo transparentes.

Defendiendo a la dictadura

Menciono todo lo anterior, porque es realmente risible al punto de la estulticia, ver a personas, que nunca han pisado a Venezuela, que escasamente saben dónde está ubicada geográficamente, defender con firmeza a un régimen autoritario, dirigido por delincuentes y narcotraficantes que, como intelectuales de supermercado, esgrimen sus argumentos como si fueran conocedores a fondo de la situación real.

A todos esos defensores extranjeros de la narcodictadura genocida de Nicolás Maduro, que presumen que realmente es un inocente presidente obrero que soporta la feroz presión de las oligarquías de la ultra derecha y del imperio yanqui, solo se les extiende una cordial invitación a pasar una corta temporada en nuestro país, de al menos unos quince a veinte días, si es que logran soportar tanto tiempo.

Lo primero complicado sería tratar de explicarles cómo lograr comprar un pasaje para ingresar al país, que es casi imposible, pero se puede. Luego cómo conducirse por sus calles sin ser asaltado en el mejor de los casos, porque ahora te matan por un celular, un reloj o unos zapatos. Tratar de buscar alimentos y productos esenciales para el aseo, mientras están el territorio venezolano, ya no es algo tan fácil de explicar, es un verdadero mercado negro que solo un venezolano de hoy entiende. Les invitaría a hacer turismo por playas, montañas, ciudades y barriadas, y aunque es de alto riesgo hacer fotos o video, es posible, solo que las imágenes no son tan gratas y glamorosas como lo serían un par de décadas atrás. Ahora bien, si usted ha sido un reportero de guerra o de selva, podría decirle que se sentiría como pez en el agua, es más, le recomendaría un paseo documental por el arco minero de Guayana. Solo, después de este periplo, si es que sale vivo o cuerdo, le aceptaría respetuosamente sus comentarios y observaciones sobre nuestro país.

Opinar y participar, el primer paso.

Sin pretender algún análisis profundo, ideológico ni filosófico, en estas páginas solo recojo el sentir y las vivencias de mi experiencia personal y la que comparten muchos venezolanos dentro y fuera del país, de forma pública o privada.

El mundo político es muy complejo, y según la experiencia de Carlos Rangel, frustrante cuando eres crítico de la realidad que vives, pero opinar y hacerlo públicamente es una forma de participar, que a su vez es una parte importante del quehacer en el intercambio político. Pero necesario es participar, y expresarse, para dejar de ver a la política como algo sucio, como pretendieron, los viejos políticos de oficio, para limitar el oficio, a los que siempre llevaban otras intenciones y otras agendas, diferentes al bien común.

Y yendo un poco más allá, el arte de la política debe ser una materia de enseñanza desde la educación inicial, donde desde la infancia se inculque la importancia vital que tiene el participar activamente, opinar, criticar, para que una sociedad pueda consolidar su madurez.

La verdad, objetivo a destruir

El comunismo es como una filosofía de ataque a la verdad y permanentemente configura verdades que son prácticamente irrefutables, si no son analizadas con ojo crítico, verdades que realmente terminan siendo mitos, mitos que se tornan en dogmas, dogmas que profundizan la ignorancia.

Todo este exacerbado laboratorio de creación de verdades a la medida, con el fin de confundir internamente al oponente para que dude incluso de sus propias convicciones, se ha venido llamando gas lighting, método que no es precisamente una novedad, que facilita la posterior inyección de falacias en sus mentes.

Es más actual que nunca, aquello que una mentira repetida mil veces, termina mutando en una verdad y si esta mentira, se camufla junto a verdades irrefutables como premisas y sustentos, pues incluso dicha mentira terminará siendo más fuerte que la misma verdad.

La izquierda no se cansa de acusar con aquello de, cuántos países ha invadido EEUU, para preguntar luego, cómo están ahora y cuántos muertos ha causado dicha invasión. Pero no se cuestionan las centenas de millones que ha aniquilado el comunismo, desde Mao o La Revolución Rusa, Fidel Castro entre otros, y todas las guerrillas proliferadas a partir de su apoyo. Estos últimos son justificados ideológicamente por el objetivo del éxito de la revolución en bien del pueblo, mientras los primeros siempre serán motivados según ellos, y sin derecho a réplica, por los recursos que poseen los países invadidos. Mas aún, siempre pretenden asociar el nazismo Hitleriano con las derechas, cuando los métodos del Führer se acercan más a los practicados en todas implantaciones del comunismo.

Acusan a Estados Unidos de invadir arbitrariamente, pero no hablan del fomento e impulso a las guerrillas en toda América latina, y la infinidad de muertos que esto ha dejado a lo largo de décadas. Guerrillas que adicionalmente se han convertido en narcotraficantes, extorsionadores y secuestradores. Y para nada es mi pretensión una defensa del gigante del norte ni ser en absoluto pro yanqui, pero los números están a la vista y las cifras son incomparables.

La izquierda se apropia de la intelectualidad y pretenden ignorantes a quienes no piensan igual y tienen sentido crítico, por eso siempre que llegan al poder, solo causan, luego de una euforia inicial, muerte, terror, hambre, miseria y desplazamiento de masas que huyen de sus dominios, dígase

Unión Soviética, China, Cuba o Venezuela.

Hablan del apoyo dado por USA contra la dictadura de Maduro, pero obvian la invasión obligada y ataques a la democracia por parte de cuba y rusia. Obvian la invasión rusa y cubana a Venezuela, y obvian que los altos jerarcas venezolanos se arrodillan como lamebotas ante uniformados y civiles cubanos.

Hablan de USA como el mayor productor de armas, pero no mencionan los millones de armas, más de 15 millones de armas de diversos calibres en las calles de Venezuela, armas que en su mayoría han llegado al país a través del gobierno, única instancia autorizada a comerciar todo tipo de armamento en el país.

Los alegatos siempre inician con verdades, como, por ejemplo, preguntando cuantas armas de destrucción masiva se hallaron en Irak, para posteriormente ir metiendo sus verdades estudiadas, sus verdades producidas, y sus mentiras venidas a verdad.

Lamentablemente, en toda oportunidad en que la izquierda comunista ha llegado al poder, solo han significado corrupción, pobreza, inflación, y esfuerzos desmedidos por mantener el poder a fuerza de anular oponentes, e incluso desaparecerlos, perseguirlos o encarcelarlos.

Capítulo 6

La Venezuela de Hoy

Venezuela no es ni sombra de lo que fue, el país pujante en vías de desarrollo, punta de lanza en América Latina, al que llegaron inmigrantes de todos los rincones del mundo en busca de oportunidades y fortuna.

Aun cuando estamos seguros que presenciamos el ocaso del macabro hechizo chavista, que su colapso está por llegar, y la luz vislumbra al final de túnel, aunque nos mantengamos en las profundidades del abismo, es importante ser conscientes de esto que estamos viviendo, así como de lo que un día llegamos a ser como nación, bueno o malo, para asumir errores y establecer rutas y formas correctas de proceder, cuando al alba ilumine nuevamente nuestro horizonte a plenitud.

Venezuela yace por tierra, en el peor momento que se pueda imaginar de su historia total. Una sociedad colapsada, con una economía destruida o inexistente, por no decir disparatada, y su infraestructura en ruinas; un sistema de salud deplorable; inseguridad desbordada, al punto de ser de los países más peligrosos del mundo, con más muertos anuales que cualquier país en guerra; una hiperinflación jamás vista en la historia de la humanidad. Cuadro dantesco que es completado con escasez y hambre.

Un país con miles de presos políticos, sin libertad de expresión, persecución, espionaje, impunidad.

Un país con gobernantes disfrazados de democráticos a fuerza de elecciones manipuladas y fraudulentas, que utiliza la eliminación progresiva pero determinada de opositores y críticos, a semejanza del nazismo, fascismo y comunismo.

Un país penetrado y dominado por fuerzas militares cubanas y rusas, las cuales detentan más autoridad que las mismos nacionales, y quienes exclusivamente mantienen la seguridad del dictador.

Un estado dirigido por un grupo de delincuentes que llegaron al poder montados sobre la maquinaria populista de Chávez y al aparato ideológico militar cubano, y que han llevado el narco tráfico a lo más profundo de todas sus instituciones militares y civiles.

Imposible dejar de agregar, a esta lista interminable de adjetivos negativos de un grupo de poder, la corrupción, que ha roto esquemas a nivel mundial, y que ha salpicado a personajes de diversos gobiernos a nivel global, y cuyo fondo aún no se descubre ni descifra completamente. Dinero proveniente de Venezuela, en cantidades exorbitantes, impronunciables, llegó a los más diversos e importantes bancos del mundo, en montos que superan los presupuestos públicos de muchos países.

Es un panorama desolador, tal vez imposible de verse con algún tipo de optimismo, pues la dictadura ha logrado confundir, desacreditar y desmembrar a la ya débil oposición existente en el país, con una mezcla variopinta de artimañas para nada convencionales.

Una luz al final del túnel

Aun así, el país es testigo permanentemente de miles de manifestaciones en sus calles, y las calles de muchos países del mundo, y junto al intenso trabajo diplomático internacional encabezado por la Asamblea Nacional (entorpecido por todas las vías por la dictadura) y otros miembros de la oposición, con el apoyo trascendental de la OEA y su secretario general Luis Almagro, se ha logrado atraer la atención del mundo entero hacia la situación venezolana, logrando que al menos 60 países desconozcan la investidura de Maduro como presidente, y acepten al diputado Juan Guaidó como actual encargado temporal o interino de la presidencia hasta que se realicen nuevas elecciones, quien ha planteado tres objetivos centrales de este proceso que son, en primer lugar el cese de la usurpación, en segundo lugar un gobierno de transición y finalmente elecciones libres.

Si bien este proceso liderado por Juan Guaidó ha generado esperanza y optimismo en la sociedad demócrata venezolana, y sin llegar a ser del todo escéptico, la maquiavélica astucia de la dictadura genera un optimismo limitado, por ver además junto al joven líder Guaidó, personajes de dudosa moral, y parte de los actores de la vieja política acostumbrados a pactos subrepticios con el régimen.

Aun así, ha sido un movimiento que le ha generado fuerte tensión y complicaciones nacionales e internacionales a la dictadura de Maduro, como el desconocimiento de buena parte de la comunidad internacional y de diversas instituciones a nivel global, así como múltiples sanciones a sus funcionarios claves e instituciones tanto por parte de los Estados Unidos como de la Comunidad Europea entre otros entes.

La actividad de Guaidó propició la deserción de muchos militares y uniformados civiles de todos los niveles, que han salido del país para proteger su integridad, y para estar listos ante eventuales incursiones de orden armado.

Movimientos que generan, cierta esperanza, de la posible caída de la dictadura, aunque en un tiempo no claramente determinado, pero esperanza al fin, que anima el corazón de los que luchan desde todos los espacios y trincheras necesarias, y desde todos los rincones del mundo.

Adicionalmente el informe de la alta comisionada de las Naciones Unidas para los derechos humanos sobre la situación de derechos humanos en Venezuela, presentado el 4 de julio de 2019, deja en claro al mundo entero el carácter dictatorial de Maduro y pone en evidencia las graves violaciones a los derechos humanos que se vive en Venezuela, exponiendo en detalle las atrocidades que se comenten a diario por parte de la narcodictadura de Nicolás Maduro y su banda de delincuentes organizados.

Aun así, todo error que se cometa en este momento, de parte de los líderes en los que ha confiado la Venezuela democrática, puede significar un retroceso en los progresos logrados. No queremos que para completar el cuadro de realismo mágico, Venezuela se convierta perenemente en un país con dos gobiernos paralelos que conviven a conveniencia pagándose y dándose los vueltos entre ellos, mientras los venezolanos padecen los avatares del hambre, la escasez, la inseguridad, la pobreza y todos los males que nos trajo el chavismo.

Capítulo 7

Tiempos de Diáspora

"El fenómeno de la diáspora venezolana contemporánea es una vívida experiencia de la perplejidad. Intentar entender lo que ocurrió en Venezuela en los últimos años, adaptar esa situación a una estructura de pensamiento lógico, es un ejercicio complejo y doloroso". Eduardo Sánchez Rugeles (Florecer lejos de casa, 2018, p.170)

La crisis migratoria que vive Venezuela, no es un caso único ni excepcional en el mundo. Si vemos la situación de desplazados refugiados a nivel global, según la ACNUR[1] en los últimos años, esta presenta cifras récord que alcanzan los 68 millones de personas.

El éxodo de los venezolanos a cualquier lugar del mundo es el mayor de Latinoamérica en los últimos 50 años y la posición que ocupa Venezuela en la tabla de desplazados a

---

[1] **ACNUR**, es La Oficina del Alto Comisionado de las Naciones Unidas para los Refugiados, creada en 1950 por la Asamblea General de las Naciones Unidas, cuya misión es dirigir y coordinar la acción internacional para la protección de los refugiados a nivel mundial.

nivel mundial es superior con el paso de los meses. Ya se acerca a los cinco millones los que han salido desde la llegada de Chávez al poder.

Es un país del que han huido millones de sus ciudadanos, en busca de mejor vida y de oportunidades, y cuyo desplazamiento migratorio ha significado un problema social para los países que los están recibiendo masivamente, principalmente como Colombia, Ecuador, Perú, Chile, Argentina, Brasil, Panamá, México, Estados Unidos o España, por mencionar los que mayor volumen han recibido, pues podemos decir con absoluta certeza, que no hay un país del mundo, donde no haya un venezolano que haya dejado su país porque no le brinda una vida digna.

Los voceros de la narcodictadura y específicamente el narcotraficante Diosdado Cabello vociferan que en países de sur América obligan a los venezolanos a caminar por sus carreteras, para llevar esas imágenes al mundo y hacer una feroz campaña contra Venezuela, cuando la realidad es que la gente huye de ellos, en busca de alimentos, de seguridad, y de una mejor vida.

Con sus expresiones, los líderes de la dictadura simplemente hacen burla de la tragedia que viven estos compatriotas nuestros por el mundo.

Para estos narcogobernantes, la única defensa es que todo es una campaña en su contra. Cuando falla la luz, los servicios, cuando llueve o cuando hay inundaciones. Aun cuando ellos son los expertos en fabricar eventos, como fabricaron por ejemplo el caracazo[2] en el 89, de lo que hay evidencias, sobre el que se montaron para sus campañas, y

---

[2] **El Caracazo**, también conocido como el **Sacudón,** fue una serie de manifestaciones y disturbios en Venezuela luego de las medidas económicas (paquetazo) anunciadas por el presidente Pérez, que inician el 27 de febrero en Guarenas y finalizan el 8 de marzo de 1989 en Caracas, y que fueron fuertemente reprimidas por los entes armados provocando cientos de muertos.

con lo que llegaron al poder, usando el populismo y la locuacidad de Chávez, pero esto es un tema que deberemos profundizar en otro momento.

Los Caminantes venezolanos

Por mucho tiempo, la estampida humana ha sido realmente sorprendente en la frontera entre Colombia y Venezuela, por donde aún huyen diariamente familias enteras, con escasamente lo que pueden llevar en sus manos, en busca de nuevos horizontes de vida. Fueron virales, las imágenes de venezolanos, caminando, por carreteras de diversas ciudades de nuestra Suramérica. Diversas instituciones les brindan apoyo y algunos países, estudian aun medidas a tomar.

Muchos de ellos, han realizado la odisea de hacer el recorrido caminando desde Cúcuta hasta Ecuador, Perú o Chile, recorriendo miles de kilómetros. Durante el día caminan, descansando en intervalos, y deteniéndose al caer la noche en lugares a primera vista seguros.

Ocasionalmente, a estos caminantes, en su recorrido, y con un poco de suerte, algún vehículo les brinda un alivio por unos cuantos kilómetros, para luego continuar su travesía. Se tiene conocimiento de la muerte de algunos de estos caminantes venezolanos por hipotermia y paros respiratorios a causa de las fuertes condiciones del clima en páramos colombianos y de no llevar una indumentaria adecuada. Específicamente en el páramo de Berlín a 2800 metros de altura, entre las ciudades de Bucaramanga y Pamplona, murieron 17 personas por esta situación. Se supo que tres de ellos fueron enterrados a orillas de la carretera.

Se les ve caminando a orillas de la carretera, arrastrando maletas, morrales o carretillas. También hay quienes van en su silla de ruedas, y hasta con muletas. Con suerte se ven unos pocos en bicicleta o incluso en motocicletas. Por bendición divina, no son pocos los buenos samaritanos que se les acercan a su paso, y les brindan agua, alimentos y hasta alguna vestimenta.

Muchas historias no precisamente felices, van quedando solo en el pavimento de esas carreteras, y tal vez, jamás sean contadas.

Una vida improvisada

En varias ciudades colombianas hay comunidades de venezolanos viviendo en carpas en plazas y otros lugares públicos.

Igualmente, la frontera de Venezuela con Brasil, ha sido testigo de este desafortunado evento migratorio masivo, e igualmente hay comunidades viviendo en carpas y refugios improvisados, relativamente atendidos por el gigante del Sur.

En las calles de Buenos Aires como en Lima es normal ver a venezolanos vendiendo arepas venezolanas, pasteles u otras comidas rápidas, escena que se repite en diversas ciudades latinoamericanas. Pero en general, ya los venezolanos se encuentran en toda clase de empleos a todos los niveles en todo el continente.

Los procesos de regularización de documentos en cada país varían tanto en los lapsos, requisitos y complejidad, aun cuando algunos países han establecido ciertas medidas especiales y privilegios para facilitarles dicha regularización. Se han presentado ciertos casos de xenofobia, resaltando algunos casos noticiosos en Ecuador y Perú.

Naturalmente, no todos corren la misma suerte a la hora de obtener documentos, empleo, vivienda y condiciones de vida apropiados. Se puede encontrar profesionales venezolanos en oficinas en trabajos administrativos, técnicos, especializados e incluso gerenciales, como también en niveles de obreros, limpiando o haciendo labores de mantenimiento y reparación. Los hay haciendo de taxistas, vendedores ambulantes o cuidadoras de niños. Incluso de forma lamentable se ha comprobado un cierto número de ellos practicando servicios sexuales, asunto que ha sido reseñado de forma oprobiosa en diversos medios de prensa.

Obviamente, en una estampida como esta, no faltan los individuos de mala conducta, una minúscula minoría, que también emigraron buscando su oportunidad, lamentablemente, continúan, en su nuevo hábitat, sus actividades delictivas, generando también, noticias amarillistas que tienden a manchar la imagen del colectivo de venezolanos.

Todos salen con más incertidumbre que equipaje, pero con el deseo profundo de regresar pronto, y muchos lo harán cuando caiga la dictadura chavista, pero otros tal vez jamás volverán a pisar su tierra adorada.

Muchos tenemos la esperanza que, de esta experiencia de esta purga, surja el hombre nuevo venezolano, el que se va a necesitar más temprano que tarde, para desarrollar esa nueva Venezuela libre y de progreso, cuando estos narcoterroristas y delincuentes que tienen tomado el poder por asalto en Venezuela, sean derrocados, llevados ante la justicia y paguen por sus atrocidades.

Pero lo cierto, es que todo es incierto, además hay mucha especulación. Hoy por hoy, para obtener un pasaporte venezolano, hay que pagar a las mafias miles de dólares para tramitar este documento, mientras los que huyen no tienen ni para comer. Entre tanto, la odisea de estos migrantes, continuará.

Recomenzar una vida, después de haber logrado una cierta estabilidad, haber luchado y alcanzado metas, no es fácil ni física ni emocionalmente, y hay quienes desfallecen en el camino producto de la depresión, la nostalgia, la tristeza, pero simplemente no hay opción, hay que levantarse y seguir el camino y la lucha.

Hoy por hoy, en un momento cualquiera del día puedo experimentar la extraña pero certera sensación de pertenecer en pleno siglo XXI a esta nueva diáspora que ha producido el chavismo y sus cuarenta ladrones con una simple mirada a la mensajería del WhatsApp. Mis amigos y antiguos compañeros de trabajo, me saludan desde Argentina, México, Perú, Panamá, Chile o República Dominicana, otros bajo husos horarios diferentes lo hacen desde Irlanda, España, Francia, Portugal o Australia. Y la lista es aún más larga.

Es un sentimiento de tener un pedacito de tu tierra, de tu corazón disperso por todo el universo, y si tal vez nunca regresamos, nos hace sentir ciudadanos de un mundo sin fronteras. Estamos en todas partes, y somos Venezuela.

Capítulo 8

Todos eran bienvenidos

Venezuela fue un país que recibió con los brazos abiertos, inmigrantes provenientes de prácticamente todos los rincones del mundo, o de los cinco puntos cardinales como diría el mismo narco dictador Maduro en una de sus alocuciones televisivas, aquel que habla con pajaritos, y multiplica los penes sagrados.

En los años cuarenta mi familia llegó a Venezuela, con la oleada de desplazados por la violencia en Colombia luego de la muerte de Gaitán[1] en el 48, y el lamentablemente famoso bogotazo, y posteriormente huyendo de las guerrillas sembradas o inspiradas por Castro en Colombia y América, Venezuela siguió recibiendo colombianos que sembraron sus raíces en esta tierra bendita.

Venezuela fue un país que recibió inmigrantes de todo el

---

[1] **Jorge Eliecer Gaitán Ayala** (1903-1948), fue un importante escritor, abogado y político colombiano, rector de la Universidad Libre de Colombia, de la cual fue catedrático de Derecho Penal. Fue alcalde de Bogotá, titular en los ministerios de Educación y Trabajo y congresista durante en varios períodos. También fue candidato presidencial disidente del Partido Liberal en las elecciones del 46, además sería el candidato del partido para las presidenciales de 1950 las cuales se efectuaron en 1949 debido a su lamentable asesinato.

mundo, y digo fue, porque eso es cosa del pasado, gracias a esta narcodictadura revolucionaria de delincuentes y narco traficantes de Maduro, Cabello y El Aissami, hoy son los venezolanos los que huyen de su tierra, no con poco dolor.

Es importante hacer una pausa y hacer memoria de cómo eran las cosas en Venezuela antes de esta debacle, viajando en el tiempo, cuando Venezuela era la casa de todos, antes de seguir hablando de todo lo que padecen los venezolanos, y obviamente los países a donde llegan, porque, lógicamente tiene sus implicaciones, puesto que cada país tiene ya sus problemas internos, y que venga una estampida de gente de otros horizontes es un gran problema, o como diríamos en el argot popular, no hay cama pá tanta gente. Pero debemos creer que hay lugar para todos.

> Como en toda Latinoamérica, luego de la llegada de Colón, a lo que es el territorio venezolano de hoy, habitado por nuestros aborígenes, llegaron españoles y portugueses en busca de fortuna, y junto a ellos, los esclavos negros africanos, como para conformar un primer cuadro multiétnico inicial de nuestros antepasados.

Durante la primera y segunda guerra mundial entre 1914 y 1945, durante la guerra fría del 45 a la caída del Muro de Berlín en el 89; y durante la dictadura de Franco en España entre 1939 y 1975, a Venezuela llegaron y echaron raíces, franceses, españoles, alemanes, italianos en un pare de contar.

Como huella de esto, cerca de la ciudad de Caracas, en el estado Aragua hay una población llamada La Colonia Tovar, fundada por inmigrantes alemanes por allá por 1843, auspiciada durante la Presidencia del General José Antonio Páez, que durante las guerras mundiales, acogió a alemanes que huían de su tierra, y donde viven aun, ancianos que vivieron esos momentos dolorosos de la huida, pero que hicieron suyo este terruño.

En los andes venezolanos, los estados Táchira, Mérida y Trujillo, incluso Barinas, de donde es originario el comandante, son famosas las panaderías francesas, italianas y españolas. Cuántos crecimos haciendo mercado en el abasto o la charcutería del portugués, aunque también hay portugueses que abrieron panaderías o restaurantes.

Los muebles se compraban en las tiendas de los árabes, las sabanas se les compraban a los turcos, y hasta quedó la costumbre de apodar turcos a los que se la pasan vendiendo cosas.

Desde la revolución China, y genocidios orientales, infinidad de asiáticos llegaron a nuestras costas. Quién no fue a comprar cositas en las quincallerías de los chinos, que luego se multiplicaron en restaurantes y supermercados.

En los 70, 80 y parte de los 90, era típico ir a comprar regalos de cumpleaños en la Casa Japonesa o los juguetes de diciembre para los niños que, o eran chinos o eran japoneses.

También, desplazados por la violencia y las guerrillas colombianas, llegaron a nuestras tierras, los que serían los plomeros, carpinteros, zapateros, herreros, las niñeras, las llamadas cachifas, cocineras, hasta hacerse parte de nuestras entrañas venezolanas. También eran colombianos los trabajadores de las fincas y haciendas, y los guachimanes, como se les decía a los vigilantes nocturnos. Muchos venezolanos de hoy son, orgullosamente de orígenes colombianos.

Por supuesto, con las petroleras y transnacionales, llegaron muchos "gringos" y canadienses, muchos de los cuales, formaron familia y se quedaron a vivir en la pequeña Venecia.

Con el auge del cine, los mexicanos formaron parte de nuestra cultura y nuestra sangre, por eso crecimos escuchando rancheras y mariachis, y se hicieron nuestras muchas expresiones mejicanas. Nuestro cine venezolano es hijo de la edad de oro del cine mexicano.

Y así, en diferentes episodios cíclicos, y crisis económicas, políticas y sociales de América Latina y del caribe, llegaron peruanos, argentinos, brasileños, chilenos, antes y durante la dictadura de Pinochet.

Era común ver haitianos vendiendo helados, como se ven ahora en Miami. También era típico que los barberos fueran dominicanos, como también dominicanos eran muchos músicos como el maestro Billo Frómeta que emigró durante la dictadura de Trujillo en República Dominicana. Y claro, en cada rincón de cada barrio, había un cubano que salió de cuba o durante la dictadura de Batista o luego del triunfo de la revolución de los Castro.

Hubo muchos actores de cine y televisión de origen cubano que hicieron carrera en Venezuela, como María Conchita Alonzo, Kiko Mendive, Julio Capote, Tatiana y Marita Capote, Raúl Xiques, por solo nombrar a algunos.

No se puede obviar a los judíos de ascendencia alemana, polaca o austriaca, que llegaron a nuestras tierras y fueron bien acogidos, y que crecieron y se desarrollaron y potenciaron en nuestra nación.

En fin, personajes como Hitler, Stalin, Mussolini, Mao o Francisco Franco, con las guerras y las Revoluciones o las dictaduras, hicieron huir o expulsaron a millones hacia la América, en busca de oportunidades de vida, y fue Venezuela uno de los países que más emigrantes recibió e hizo sus hijos.

Guerrillas, dictadura y comunismo.

Y si por Europa llovía, por América no escampaba. En América, fueron las dictaduras y las guerrillas las que llevaron a muchos a huir de su tierra, hacia el paraíso venezolano. Las dictaduras azotaron a la américa toda, en aquel entonces, de derecha, entre comillas, porque siempre digo que no hay dictaduras de derecha o izquierda, hay dictaduras. Dictadura, es dictadura del color o ideología que se pinte.

De las más sangrientas podríamos rememorar las dinastías de los Duvalier en Haití, desde 1957 hasta 1986. Los Somoza o el Somocismo en Nicaragua entre 1937 y 1979. Pasando por Trujillo en República Dominicana entre 1930-1961, y por cierto que recomiendo ver la película, la fiesta del Chivo y leer el libro de Vargas Llosa, que nos relata el desenlace de la muerte de este sangriento dictador dominicano.

Indiscutiblemente el dictador Batista en Cuba, entre el 1934 y 1959, cuando empieza la dictadura Dinástica de Castro, hasta la actualidad.

Entre 1973 y 1990 la dictadura militar de Augusto Pinochet dominó con mano dura en Chile, personaje que no hubiese conocido Chile si el comunismo no hubiese intentado establecerse en esa nación de la mano del tristemente célebre Salvador Allende. Stroessner en Paraguay entre 1954-1989, Rojas Pinilla en la Colombia de 1953 a 1957, Noriega en Panamá de 1983 a 1989, en Argentina Jorge Videla del 76 al 81 y Brasil tuvo también su dictadura militar desde 1964 a 1985.

En Venezuela desde 1952 a 1958, el general Pérez Jiménez, fue el dictador de turno, que aunque creó prácticamente toda la infraestructura más importante del país hasta la fecha, tuvo mano fuerte con quienes se le oponían, aun así, durante su periodo, siguieron llegando inmigrantes de todo el mundo al país, sobre todo portugueses, con la política de "Puertas Abiertas" de 1948 a 1958, cuando el estado venezolano propicio la inmigración europea, y proyectó la entrada al país de población de origen canario, italiano, portugués y español, principalmente, y luego del resto de Europa.

Todos vinieron y lograron sembrar sus simientes y sus familias dentro de nuestras fronteras, y por muchos años esta mezcla produjo un tipo de gente, especial, chévere, pícara, alegre, trabajadora, luchadora, que hizo avanzar al país hacia las vías del desarrollo. Un país con problemas políticos y sociales, pero pujante y enrumbado, como los países a donde van ahora los venezolanos, con muchos problemas, lo que usan como argumento trivial algunos chavistas ignorantes, para decir que los venezolanos que salen del país se van a países que están mal, pero ojo, peor que Venezuela, hoy, ninguno.

Entre tanto, fueron pocos los venezolanos que salieron del país en ese periodo. Solo un grupo selecto salía del país para estudiar y retornar posteriormente, pero muy pocos, hacían vida fuera. Nunca se establecieron en el extranjero como una necesidad, sino como un reto, o anhelos superiores, particularmente aquellos que no se anclan a un terruño.

El venezolano, jamás tuvo cultura de inmigrante. El venezolano, viajaba por el mundo, pero regresaba a casa, y hoy sufre y padece no tener esa experiencia que casi todos los países del mundo han adquirido en su esencia.

Capítulo 9

Tiempos de Democracia

"De hecho, se ha dicho que la democracia es la peor forma de gobierno, excepto por todas las otras formas que han sido probadas de vez en cuando." Winston Churchill (Discurso en la casa de los comunes, 1947)

Éramos felices y no lo sabíamos

Se puede decir con bastante ligereza, éramos felices y no lo sabíamos, y en momentos de desesperanza, terror y oscuridad como los que vive Venezuela hoy, sería sencillo asumir que antes de Chávez y sus cuarenta ladrones todo era color de rosa, cosa muy lejana de la realidad, pues cierto es también que aquello, nos iba anunciando y conduciendo indudablemente a esto, como una crónica de una muerte anunciada de García Márquez.

Tampoco pretendo atacar y menospreciar los logros del período democrático de cuarenta años, envidiado por toda américa latina, entre 1958 y 1998, posterior a la dictadura del General Marcos Pérez Jiménez (1953-58), por el grosero derroche que vivió el país. Período permanentemente satanizado como bandera de guerra política por el comandante golpista Hugo Chávez, pero que significó una etapa democrática en la que el país se enrumbó hacia el desarrollo económico y social, aunque recibiendo los permanentes ataques bélicos e ideológicos, desde la isla de Cuba con los intentos de Fidel por sembrar su revolución comunista en el continente y aprovechar para sí las riquezas del subsuelo venezolano.

Particularmente "El Carupanazo" y "El Porteñazo", dos alzamientos militares fracasados ocurridos en 1962, durante la presidencia de Rómulo Betancourt, primer presidente de la etapa democrática venezolana del pacto de Punto Fijo, fueron movimientos de corte izquierdista que contaban con el apoyo expreso de la dictadura comunista de los Castro. Betancourt ganó el odio de Fidel, por no querer implantar su ideología comunista en Venezuela, y por no brindar su apoyo financiero y con petróleo a la revolución. Posteriormente Betancourt sufrió un intento de magnicidio, que se determinó que tuvo como autor intelectual al dictador dominicano Leonidas Trujillo.

Rómulo Betancourt, venerado como padre de la democracia venezolana, era un político que venía de la izquierda comunista de aquel entonces, pero que optó finalmente por la social democracia y sus ideales se resumían en el slogan: "Una Venezuela libre para los venezolanos".

Precisamente esa imagen democrática de Venezuela, fue lo que la hizo atractiva a tantos inmigrantes del mundo entero, durante más de cinco décadas. Adicionalmente el petróleo le dio, la imagen de país rico y de oportunidades, en fin, el sueño americano del sur para cualquier inmigrante que buscaba horizontes de progreso.

La Venezuela Saudita.

Durante los setenta, Venezuela se sumió en una embriaguez petrolera, que nos hizo ser conocidos en el mundo, como la Venezuela Saudita, época en que hizo común ver a los venezolanos en continuas compras de fines de semana en Miami y New York. Momento en que ganamos el gentilicio de los tá barato, por la expresión usada a la hora de comprar: tá barato, dame dos. En esos años se registra que la tasa de desocupación llegó a ser del 4%, se construyeron 33 mil kilómetros de carreteras y se creó la fundación Gran Mariscal de Ayacucho, que otorgó gran cantidad becas para estudios en el extranjero.

Fueron unos años de un verdadero despilfarro a todo nivel, desde las altas esferas del gobierno, hasta bien profundo en la clase media, que lamentablemente propició una galopante corrupción administrativa en los entes del gobierno y sus altas esferas. Se puede decir que la ciudad de Caracas tenía los mejores restaurantes franceses de la región y que los venezolanos se habían convertido en los mayores consumidores de whisky del mundo.

Lamentablemente, fueron años de poca inversión en la diversificación de la producción nacional, una concentración temeraria en la extracción petrolera, y un crecimiento desmesurado del estado y del gasto social.

Al fin y al cabo, todo fue una bonanza ficticia que empezó en los 70s y terminó durante la presidencia de Luis Herrera Campíns con el fatídico "viernes negro" de 1983, cuando el 18 de febrero el precio del bolívar se desplomó contra el dólar y adicionalmente ya los precios del petróleo habían empezado a caer.

Aun así, luego de ese fuerte shock económico, la vida democrática continuó, pero sin recuperarse completamente y con un panorama un poco convulsionado que muestra su peor cara a fines de aquella década con el caracazo, una explosión popular que provocó miles de muertos a causa de la respuesta represiva del gobierno de Pérez en aquel momento.

Mucha habría que decir del caracazo, bandera que usó Chávez para justificar su intento fallido de golpe de estado en 1992 contra Carlos Andrés Pérez y posteriormente para manipular las masas populares en su carrera de ascenso al poder en Miraflores. El Caracazo siempre tendrá ese halo de mito del que todas las tendencias políticas harán uso para acusarse unos a otros, por las causas que lo propiciaron, por la represión y el uso de la fuerza de las armas del estado contra la población, incluso por la manipulación de una supuesta explosión popular espontánea preparada para justificar movimientos revolucionarios y armados.

Capítulo 10

Corrupción y descomposición

"Renovemos en el mundo la idea de un pueblo que no se contenta con ser libre y fuerte, sino que quiere ser virtuoso (…) la educación popular debe ser el cuidado primogénito del amor paternal del Congreso. Moral y luces son los polos de una República…". Simón Bolívar (Discurso ante el congreso de Angostura, 1819)

Desde hace algunas décadas, buena parte de la ciudadanía aborrece la función pública y la política como tal al verlas como una actividad inmoral, poco ética y hasta indigna y no como una función respetable y digna de reconocimiento que es, pero esto es el resultado de todo un proceso de corrupción y descomposición de las élites políticas.

Es cierto que durante buena parte del siglo XX, en Venezuela llegamos a gozar de las bondades de una incipiente democracia, pero lamentablemente también es cierto que de forma temprana comenzó ese proceso descomposición en el mundo político nacional, que llevó a la corrupción y al tráfico de influencias progresivo, producto a su vez de una burocracia excesiva.

La población se alejó de la participación política real, y poco a poco, la clase política se convirtió en un poder ejercido por pocos, netamente para su beneficio y alejado de la realidad del pueblo, (aunque pueblo, es algo que no existe y que se usa solo para impulsar ideas y buscar apoyo.)

Este aborrecimiento por la política contribuyó a ir dejando el camino libre a quienes se montaban sobre ella para lucrarse y llenar sus bolsillos y no precisamente para aportar ideas y trabajo y mucho menos soluciones.

> Por eso es importante recuperar todos los espacios políticos, en todos los ámbitos y en cada rincón donde haya un venezolano dentro o fuera del país. La participación política es clave para la vida y salud de una nación. Porque el espacio que no toma un individuo preparado, lo tomará un oportunista. Como prueba tenemos en el poder una banda de delincuentes sin que nadie pueda hacer nada contra ellos.

Este hartazgo de la política desvirtuada, generó obviamente una sociedad sin conciencia política, sin sentido de participación y con gran apatía por el acto electoral en particular. Las décadas de los 80 y los 90, vieron un crecimiento progresivo muy importante de la tasa de abstención electoral, y es la abstención, lo que deslegitima cualquier proceso democrático, pues debemos ir tomando conciencia, que como condición sine qua non, la democracia está enraizada, en la participación ciudadana.

En aquellos momentos el quehacer político llegó a verse como una actividad elitista, que además estaba disociada de la realidad, una entidad paralela en otra dimensión, en vez de una responsabilidad o una actividad necesaria para el desarrollo de la vida nacional. Y es que los políticos, estaban desconectados de la realidad, (bueno, en realidad no sabemos si ya se conectaron) hasta que ésta les explotó, literalmente en las manos.

La desilusión ciudadana fue erosionando aceleradamente la

democracia y un número creciente de electores terminó optando por grupos y partidos populistas y radicales, que con sus conquistas electorales, terminaron de distorsionar no solo el panorama político, sino lo económico, lo ético y lo social, pues sus discursos radicales y de confrontación, solo buscaban llegar al poder, y una vez allí, lo más importante era mantenerlo de cualquier manera, por lo que empiezan la lucha por la destrucción de la separación de poderes, esencial para que haya democracia.

Y es que se ha dicho muchas veces que *la democracia es el sistema que ha llevado al poder a innumerables tiranos en el mundo.* Bien cierto es que no todos los dictadores en el mundo han alcanzado el poder precisamente por la fuerza de las armas.

En una democracia saludable y madura, que no ha sido la venezolana, los partidos políticos deben luchar por el poder de una forma transparente y sin los favores oficiales. Pero si no hay una libre competencia, si hay ventajismos u obstáculos o manipulación de parte de quien ostenta el poder, este sistema no funcionará apropiadamente, y por ende no puede llamarse democracia.

Los partidos políticos son fundamentales pues, en la democracia, y la salud de esta, está directamente relacionada con la salud de los partidos.

El sistema de partidos venezolanos fue degenerándose paulatinamente, y no fue la meritocracia, ni los valores, ni la ética, los factores que impulsaban las decisiones de estos, sino los intereses económicos y de poder los que prevalecían, reinando la premisa de que el fin siempre justificará los medios que sean empleados.

Se intentó tomar medidas, pero todo esfuerzo realizado para enmendar la situación creada fue en vano ante un estado que se hizo incontrolable tras crecer desmesuradamente por una administración irresponsable y los procesos burocráticos lo hicieron más ineficiente aun generando tráfico de influencias y abuso de poder. Y si a todo esto le sumamos la crisis mencionada en los partidos, el coctel que resulta, no es nada saludable para una democracia joven.

Ante tanta fragilidad de la naciente democracia, no fue difícil el arribo de un indeseable Chávez, y ante la inmadurez de sus poderes e instituciones, tampoco le fue complicado desarticular y desmembrar el estado, y recomponer todo a su medida, como aquel científico loco, que de muchos cuerpos construyó el cuerpo de Frankenstein.

Ya a mediados del siglo XVIII, un visionario Barón de Montesquieu hablaba en su libro "El espíritu de las leyes" sobre "los inexcusables controles y contrapesos que deben existir entre los distintos poderes, que supuestamente deben ser independientes" unos de otro.

> "Cuando en la misma persona o en el mismo cuerpo de magistratura, la potestad legislativa y la potestad ejecutiva están reunidas, no puede haber libertad; porque se puede temer que el mismo monarca o senado pueda hacer leyes tiránicas, para ejecutarlas tiránicamente". Montesquieu (El espíritu de las Leyes, 1777, C6)

Para que la administración del estado sea transparente, imparcial y eficiente se requiere elementalmente, y no hay experiencia diferente que haya funcionado, una absoluta separación e independencia de poderes, que además debe alimentarse de una desconfianza mutua permanente, como permanente deber ser también la vigilancia entre esos mismos poderes.

En este punto sería interesante recordar los juicios a Pérez, que lograron despojarlo de su investidura presidencial, y que pudieran denotar dicha independencia de poderes. Pero, aunque se aplicó la ley de forma justa, en independencia del poder ejecutivo, los motivos obedecieron a presiones y retaliaciones políticas, más que al imperio mismo de la justicia.

El periodo democrático venezolano, estuvo preñado desde sus inicios de la conspiración y las venganzas políticas, que nunca terminaron de sanar. Adicionalmente ha habido un resentimiento permanente en las generaciones cuyas familias padecieron la dictadura de Pérez Jiménez o la dureza de los gobiernos de Betancourt o de Leoni, lo que configura un cuadro emocional propicio para nuevas y continuas conspiraciones.

Capítulo 11

De Misia Jacinta a la barragana

Durante los dos periodos presidenciales de Joaquín Crespo, el primero en 1884 a 1886, y el segundo de 1892 a 1898, es sabido que su esposa, Jacinta de Crespo, Misia Jacinta, tomó parte importante en el quehacer y las decisiones políticas de la presidencia, pero también había jugado un papel importante en la lucha de los años previos a la presidencia de Crespo.

Jaime Lusinchi.

No es una comparación nada gentil, pero durante la presidencia de Jaime Lusinchi, fue vox populi, que su secretaria privada era realmente la que llevaba los pantalones.

Tal vez, los periodos presidenciales que más mella hicieron en la conciencia política del venezolano, fueron los de Lusinchi y CAP, que llevaron a un buen sector de la población a despreciar a la clase política.

Fue muy resonado nacional e internacionalmente, el caso Lusinchi y su barragana, Blanca Ibañez, quien fue la que realmente llevó las riendas políticas del país durante la presidencia de su amante, al cual trataba como un monigote. Hubo infinidad de denuncias públicas a causa de su grotesca influencia en las decisiones del presidente, al extremo de nombramientos y destituciones de funcionarios públicos, selección de ascensos militares y condicionamiento discrecional de los contratos públicos.

También es bien sabida la adicción a las bebidas etílicas del presidente y sus continuas borracheras mientras ostentaba el cargo de Miraflores.

Adicionalmente a esta situación, durante el periodo de Lusinchi y su barragana, la burocracia y corrupción se dispararon como nunca antes, y los escándalos explotaban a diestra y siniestra. Tal vez de los casos que más le afectaron fue el de los famosos jeeps de Ciliberto, y la gran estafa de RECADI, que fue, según el economista José Guerra, la fuente más importante y prolongada de corrupción que se había visto en Venezuela, solo superada por el chavismo, pero ese era solo el principio del auge de la corrupción en Venezuela.

Es probable, que alguien diga que eso es una minucia comparado a los niveles exorbitantes a los que llegó hoy en día el chavismo. Pero no por eso, vamos a olvidar ni a justificar que ellos iniciaron la degradación de la moral del quehacer político. En aquel momento eran cantidades exorbitantes.

Carlos Andrés Pérez.

No se puede negar que Pérez haya sido un estadista de talla mundial, ni mucho menos que hubiese gozado de carisma y audacia de niveles altísimos. Tampoco los aportes que hizo en materia política y sus logros a nivel de infraestructura, de salud o educación y otras áreas a nivel nacional. Aunque tal vez, el Dr. Rafael Caldera diría, como de hecho lo dijo, que el legado de Pérez fue simplemente la corrupción.

Es una realidad que tanto en su primer mandato como en el segundo, la corrupción galopó fuertemente hasta crear una bomba de tiempo, que le llevó a ser expulsado de la Casa de Misia Jacinta, convirtiéndose en el único primer mandatario de la nación que se ha visto obligado a desprenderse del poder al ser acusado de malversación.

Se dice que Pérez, se enfrentó a la situación peculiar de recibir y administrar cantidades asombrosas de billetes verdes para el momento y no la aprovechó adecuadamente, hasta el punto que su sucesor en la presidencia, Luis Herrera, inicio su mandato declarando en su discurso inicial: "recibo un país hipotecado".

Antes de ser presidente, Pérez tuvo una intensa trayectoria política que inicia en 1940, fue diputado en varias ocasiones y ostentó diversos cargos de gobierno, e incluso fue ministro de relaciones interiores ganándose la fama de hombre fuerte. Fue preso político y desterrado del país en dos oportunidades, y formó parte activa en la lucha contra la dictadura de Pérez Jiménez.

Durante su primer gobierno, hubo una fuga importante de capitales de Venezuela. La situación fiscal expansiva de Venezuela y la inminencia de una devaluación del bolívar generaban gran desconfianza en inversionistas, empresarios y en la sociedad en general, pero la crisis en Irán permitió que los ingresos petroleros aumentaran y mantener el ritmo de la economía nacional, y no se pensó oportuno aplicar ajustes a la economía que ya el mismo Pérez había mencionado en 1977.

Recordemos que, durante su primer gobierno, Carlos Andrés Pérez, por obra del destino y de las guerras en el medio oriente, fue idealizado como el presidente del milagro económico, aunque le había dejado una bomba de tiempo a su predecesor Luis Herrera Campíns, quien tuvo que endilgarse el fatídico viernes negro[1]. Aun así, esta imagen milagrosa, y obviamente su carisma e influencia política nacional e internacional, lo llevaron a ganar años después, la presidencia por segunda vez. En esta oportunidad su campaña prácticamente estuvo centrada en un voten por mí para volver al año 74, aun cuando estaba consciente de las medidas que se debía tomar, pero eso no se podía decir en campaña.

En ese segundo periodo, la situación económica había empeorado al caer los precios del petróleo, se había devaluado la moneda, había una inflación muy alta y una deuda externa descomunal.

Desde el inicio de su mandato fue criticado fuertemente por el ostentoso acto de toma de posesión que no se celebró en el hemiciclo del senado como era costumbre sino en el teatro Teresa Carreño, con mandatarios invitados de todo el mundo incluido además el dictador Fidel Castro, en lo que se denominó "la coronación de Carlos Andrés".

Ya al final de su primer periodo presidencial, el *Caso Sierra Nevada* hizo que Carlos Andrés fuera señalado de corrupción, pero luego de una larga batalla dentro de las filas del partido Acción Democrática y el Congreso Nacional salió victorioso y fue liberado de toda culpa.

Pero posteriormente, en el año 1992 se reveló que Carlos Andrés, había tomado 250 millones de bolívares del presupuesto nacional, unos 17 millones de dólares, destinados al financiamiento del servicio de escoltas de la presidenta nicaragüense Violeta Chamorro[2], quien no podía confiar su

---

[1] El llamado **viernes negro** venezolano, hace referencia al 18 de febrero de 1983 momento en que el bolívar sufrió una de sus mayores devaluaciones frente al dólar.

[2] **Violeta Barrios Torres de Chamorro**, conocida como Violeta Chamorro, es una periodista y política nicaragüense, presidenta de Nicaragua para el periodo 1990-1997, siendo la primera vez que una mujer es electa como presidenta de una nación en América.

seguridad en manos de la Policía ni del Ejército Popular Sandinista. Se le acusó por malversación de fondos y peculado de uso, y al año siguiente se determinó que había méritos suficientes para abrirle un juicio.

Pérez, mantuvo una gran amistad con Pedro Joaquín Chamorro, esposo de Violeta Chamorro, que fue asesinado durante la dictadura somocista, y esos lazos le llevaron a brindarle apoyo incondicional.

> Utilizar la abundancia para lograr fuerza internacional es un vicio populista, y Chávez también uso altas sumas de dinero para impulsar campañas presidenciales en Argentina, Brasil, Bolivia, Ecuador y Nicaragua, y para hacer lobby en EEUU, e instituciones internacionales como la OEA y la ONU y en otros países influyentes. Pero solo el caso del maletín de Antonini Wilson hizo ruido en este asunto. Será al retorno de la democracia, cuando sabremos que personajes se beneficiaron de fondos venezolanos.

El fantasma de la corrupción siguió persiguiendo a Pérez y en 1998 nuevamente debió enfrentar cargos por malversación de fondos públicos y fue condenado a arresto domiciliario. Se le acusaba de poseer grandes capitales depositados en los Estados Unidos junto a su ex secretaria privada y compañera sentimental Cecilia Matos. En esta ocasión fue librado de cargos al ganar por elección popular un escaño al senado de la república.

Posteriormente en el año 2001, estando fuera del país enfrentó un nuevo juicio en su contra, por lo que no quiso regresar a Venezuela, quedándose en el exilio desde entonces hasta su fallecimiento en diciembre de 2010.

Carlos Andrés, consciente de los errores de su primer mandato, estuvo claro de la necesidad de medidas profundas en la economía y en eso estaba centrado *el gran viraje*[3], pero no

---

[3] **El Gran Viraje**, conocido como el Paquetazo Económico, fue un conjunto de medidas adoptadas por Pérez en Venezuela en 1989 como respuesta a la recesión económica con el objetivo hacer ajustes macroeconómicos. Dichas

lo mencionó durante la campaña electoral por miedo a la crítica y la pérdida de votos. Según revela Eduardo Fernández en el documental *CAP 2 intentos*[4], Carlos Andrés le afirmó que un plan como ese *solo lo podía realizar Pinochet en Chile por la fuerza de las bayonetas o él en Venezuela por su popularidad y el apoyo de la gente*. Pero como bien dice el dicho popular: *una cosa piensa el burro y otra el que lo está arreando.*

Aunque fue más prudente en el ámbito personal que su colega Lusinchi, son también conocidas las borracheras de Pérez, que debía ser sacado a hombros por sus guarda espaldas.

Pérez fue gran amigo y compadre del también dos veces presidente del Perú, Alan García, quien igualmente se vio profundamente involucrado en casos de corrupción en sus dos periodos presidenciales, pero particularmente con el sonado caso de Odebrecht, lo que le llevó recientemente a suicidarse para evitar ser encarcelado.

Es muy conocida la pugna y las diferencias insalvables entre Carlos Andrés Pérez y Rafael Caldera, pues Caldera le acusó de corrupción descomunal desde su primer mandato.

Estos dos personajes Pérez y Caldera, producto de sus reelecciones incluso contra sus toldas políticas, terminaron haciendo un daño incalculable no solo al sistema político venezolano en general, sino también al propio sistema de partidos, ambos fundaron sus nuevos partidos con los que hicieron vida política en sus últimos años de vida.

El personaje de Pérez siempre es causa de polémica, y tiene tanto admiradores como detractores. Hay quienes siguen diciendo que los juicios seguidos en su contra, fueron parte de una retaliación política. Dejando de lado todo

---

medidas fueron controversiales y se dice que fueron uno de los detonantes del Caracazo.

[4] **CAP 2 intentos**, es un largometraje documental de Carlos Oteyza, sobre los dos gobiernos y la personalidad del presidente Carlos Andrés Pérez.

fanatismo, allí está la historia y los hechos.

Como en el caso de Lusinchi, el monto de la partida secreta es una cantidad trivial, comparado a los incalculables números logrados por las mafias chavistas, pero reitero, sembraron las raíces de la corrupción en lo más profundo del aparato político nacional.

Javier Garavito

Capítulo 12

No escuchamos a los profetas

"Por el engaño se nos ha dominado más que por la fuerza; y por el vicio se nos ha degradado más bien que por la superstición. La esclavitud es la hija de las tinieblas…". Bolívar (Discurso de Angostura, 1919)

Hay un dicho popular muy sabio que dice que *soldado advertido no muere en batalla*, haciendo alusión que ante las advertencias hay que tomar medidas, si no queremos padecer de las consecuencias. Usualmente lo decían las madres a sus hijos, advirtiéndoles que hicieran las tareas o los quehaceres si no querían ser castigados. De hecho, solo valía la primera parte, soldado avisado... y lo demás debíamos suponerlo.

Pero como reza otro proverbio popular, *nadie es profeta en su tierra*. Diversos fueron los personajes que, en su lucidez intelectual de la historia, avizoraron los males que hoy padecemos.

Renny Ottolina

En el caso venezolano, fueron muchos los que avisaron de los males que nos caerían encima si no se tomaban las medidas necesarias. Uno de esos profetas, fue el muy recordado Renny Ottolina, o Reinaldo José Ottolina Pinto, locutor, animador y productor de programas de radio y televisión, publicista, corredor de autos de carrera, político venezolano y declarado anticomunista.

Como productor y animador, aprovechó la televisión para crear conciencia de cuidar al país y para sembrar amor por los ideales del Libertador.

Particularmente Renny, que en algún momento fue partidario de Carlos Andrés Pérez, se tornó en el principal crítico del gobierno del gocho, de quien llegó a decir que era incapaz de gobernar, motivo por el cual su programa fue cancelado sin posibilidad de defensa.

Renny Ottolina, era un defensor acérrimo de la meritocracia contra la partidocracia y el paternalismo y acusaba a los partidos venezolanos de aferrarse a dogmas.

Renny permanentemente alertó sobre el rumbo que llevaba Venezuela y de la imperiosa necesidad de mantener por sobre todo, la educación y la cultura. Siempre propuso que Venezuela se convirtiera en un país donde la agricultura fuera prioridad.

> "A mí no me gusta igualar hacia abajo: quiero igualar hacia arriba".
> Renny Ottolina (1928-1978)

Pero, como dice otro refrán popular, *quien no oye consejos, no llega a viejo*, eso precisamente nos pasó con nuestra democracia, que no pasó de los cuarenta años de edad. No se escuchó a los que veían el futuro con más claridad.

Ottolina, muere sospechosamente en un accidente aéreo

estando a punto de ser declarado candidato presidencial, y con una gran popularidad por delante.

Por mucho tiempo se mantuvo en entredicho la relación de Pérez respecto a la muerte del comunicador, pues para el momento su deceso, Renny que mantenía públicamente una crítica muy fuerte con Carlos Andrés, pretendía impulsar junto a otros miembros de su partido, un enjuiciamiento a éste por traición a la patria.

Arturo Uslar Pietri.

Otro gran intelectual venezolano, reconocido universalmente, que alertó sobre el rumbo que llevaba el país y su democracia, fue Arturo Uslar Pietri, un abogado, periodista, escritor, y también, como Renny, productor de televisión y político venezolano.

Uslar, que murió en el año 2001, ya predijo la crisis humanitaria que se atraviesa en Venezuela, y siempre criticó que se dependiera de la producción petrolera, mientras se descuidaba áreas como la agricultura, el turismo o la ciencia entre otras.

El hombre que dijo que *hay que sembrar el petróleo*, también fue el pitoniso que anunciaba que con las caídas del precio del barril de petróleo la economía venezolana se desplomaría.

'Si en este momento, por un azar desafortunado del destino, los precios del petróleo bajaran de una manera importante en el mercado mundial; Venezuela sería un caso para la Cruz Roja internacional. Aquí vendrían a repartir sopa en las esquinas". Arturo Uslar Pietri [arturouslar2000]. (2008, julio 3) Vulnerabilidad de la 4ta República [Archivo de video]. Recuperado de https://www.youtube.com/watch?v=59-nampXHGw

Esta fatal predicción se materializó en una feroz realidad: la peor crisis humanitaria vivida en Latinoamérica, cuya existencia es negada por la dictadura que, además, no acepta ninguna ayuda internacional para atacar dicha situación.

Uslar, el comunicador que dirigió el famoso programa de televisión Valores Humanos, durante toda su vida hizo resaltó de forma incansable el gran valor que tiene la educación para el progreso de una nación y su democracia. Afirmaba que "el problema central de Venezuela, que debería ser tema de enseñanza en la escuela primaria y de reflexión, es que es un país vulnerable, e improductivo". En otras palabras, Venezuela no es un país rico, sino un país pobre con muchos recursos naturales. Incluso afirmaba que Venezuela no había alcanzado la madurez política y no tenía un proyecto nacional, y hoy, muchos años después aún no existe proyecto, y está claro que no hay indicios de madurez política.

Carlos Rangel Guevara

Imposible dejar de mencionar al periodista, escritor, académico y diplomático Carlos Enrique Rangel Guevara, (1929-1988), figura de la televisión y uno de los principales difusores del liberalismo económico en Venezuela que, aunque incursionó en la política, definió su paso por ella como *un duro y muy frustrante aprendizaje*, pues la obligación de un político es conseguir votos para mantenerse en el poder y la de un intelectual es decir la verdad. En este sentido su voz crítica del sistema desafinaba en la melodía nacional, que se había acostumbrado a la adulación en coro, repitiendo que el capitalismo de estado y el intervencionismo creciente eran una verdadera maldición que nos llevaría a los peores derroteros, y debía ser desmantelado más temprano que tarde, pues Rangel, creía y pregonaba la necesidad de estados y gobiernos limitados y la necesidad de promover la iniciativa particular.

Crítico fuerte, también del empresariado que se acostumbró, en medio de este panorama festivo, al proteccionismo del estado y que solapaba una corrupción creciente.

Creyente, además que los medios de comunicación bien hechos eran fundamentales para propiciar el pluralismo democrático.

Sin lugar a dudas, de los intelectuales y críticos más lúcidos y visionarios que ha tenido del siglo XX, cuyo pensamiento quedó registrado en cientos de sus artículos prensa y programas de televisión, y en sus libros impactantes como controversiales para la época en que fueron publicados: Del buen salvaje al buen revolucionario y El Tercermundismo.

"Es pues, falso de toda falsedad, que haya fracasado la economía de mercado en Venezuela, no se ha, de verdad, nunca ensayado. Lo que ha habido aquí ha sido en primer lugar una economía precapitalista, la del imperio español, antagónica a la economía de mercado, basada en el monopolio, el privilegio, la corrupción, ya entonces, y en general los estorbos burocráticos a toda actividad privada." Carlos Rangel Guevara (Discurso ante la asociación venezolana de ejecutivos, 1983)

Su primer libro que bochornosamente fue quemado públicamente por izquierdistas en la Universidad Central de Venezuela, tal como en una hoguera de la inquisición o una de las quemas de libros que hizo Hitler, paralelamente fue prohibido en Uruguay.

Del buen salvaje al buen revolucionario, fue publicado en 1976, inicialmente en francés con prólogo del francés *Jean-François Revel*. Este libro significó un choque con el pensamiento político de la época pues se enfrentaba los hechos y la historia desde otra perspectiva diferente a la tradicional. El libro pretendía desmontar los mitos de una ideología política latinoamericana dominada por la izquierda que le echaba la culpa de todos los males *al imperio americano y a entes ajenos a nosotros.* Rangel en su libro, se atrevió a afirmar por primera vez que la culpa de todo lo que padecíamos en el tercer mundo era realmente nuestra.

Posteriormente en 1982, publica un muy crítico segundo libro, El Tercermundismo, donde va a continuar con su análisis a todo el Tercer Mundo, apoyando la idea de que "la democracia política no es un lujo tardío para países ricos, sino una condición del desarrollo económico", y nuestro espejo, nuestras metas deberían estar necesariamente en las democracias liberales que han llevado verdadero progreso y desarrollo a sus países y no en las que han hundido a sus pueblos en la miseria.

A juicio del abogado *Luis Alfonzo Herrera*[1], Carlos Rangel vino a ser, en los tempranos inicios de la democracia, como el aguafiestas que anunciaba que la cosa política y económica no se estaba manejando bien en Venezuela, y que iríamos a una catástrofe de no tomar medidas a tiempo.

> "Es evidente que tiene que haber algo radicalmente errado, en el modelo de desarrollo que hemos venido usando." Carlos Rangel Guevara (Discurso ante la asociación venezolana de ejecutivos, 1983)

Luis Alberto Machado

Luis Alberto Machado (1932 - 2016) fue un abogado, escritor y político venezolano, que creía que era posible "desarrollar la inteligencia y el pensamiento del pueblo", y que esto necesariamente traería prosperidad y desarrollo.

Durante el gobierno del presidente Luis Herrera (1979 – 1984) se creó el ministerio para el desarrollo de la inteligencia y Machado estaba al frente de dicha responsabilidad. La

---

[1] **Luis Alfonso Herrera** es un abogado venezolano especializado en derecho administrativo y licenciado en filosofía que se desempeña como Investigador de CEDICE-Libertad y como director de la asociación civil Un Estado de Derecho.

intención de Campíns era que se aplicaran los principios planteados en el libro "La revolución de la inteligencia" escrito por Luis Alberto Machado en 1975.

> "… por primera vez en la historia se le ha otorgado al desarrollo de la inteligencia de todos los hombres el carácter de un asunto de Estado, de un problema de Gobierno, de una decisión política con una clara y precisa orientación democrática, porque se trata de desarrollar al pueblo y, en especial a los pobres, lo que traerá necesariamente un cambio radical y definitivo de todas las estructuras." Luis Alberto Machado (Mensaje al Congreso Nacional, 1981)

Lamentablemente, a las ideas de Machado no se les dio la importancia debida, y en el periodo presidencial de Jaime Lusinchi fue eliminado el ministerio de la inteligencia. Dicha iniciativa fue truncada, pero dejó un legado que ha sido reconocido por diversos intelectuales a nivel mundial.

A este maravilloso proyecto como a muchos otros no se les dio la continuidad que requerían porque cambió el partido de gobierno, y los intereses políticos privaron siempre por encima de lo que era vital para la nación.

Durante el tiempo que tuvo vigencia el ministerio de la inteligencia a cargo de Machado, se dictaba en las escuelas la asignatura de *aprender a pensar* y se les enseñaba a jugar *ajedrez*.

Machado fue otro de esos intelectuales y políticos visionarios a cuyas ideas y propuestas no se les dio la relevancia pertinente.

Carlos Andrés Pérez

Admirado y criticado, amado y odiado, la figura de Pérez es emblemática en el ámbito venezolano. Hombre de una gran carrera política en el país, exiliado en varias oportunidades, diputado, ministro, dos veces presidente, pero también, el único que fue destituido de sus funciones, como uno de los pocos políticos que ha pagado condena por malversación de fondos y *peculado de uso*[2].

Independientemente de la imagen que se tenga de Carlos Andrés, y de que fue el objetivo principal del fallido golpe de estado de Chávez el 4 de febrero de 1992. Pérez fue uno de los políticos que más fehacientemente alertó de las devastadoras consecuencias que tendría para el país y para la democracia, que el exmilitar golpista y su círculo llegará al poder por la vía electoral. Auguró sin dudarlo tempranamente una feroz dictadura totalitaria para Venezuela, al ver el gran apoyo creciente evidenciado al comandante en las calles y los medios, en su proyección popular en la campaña presidencial. Estaba consciente que no solo el sector popular y la clase media apoyaban a Chávez, sino también sectores empresariales y políticos de la vida nacional.

Dejo a continuación, algunas de sus más lapidarias palabras, tomadas de varias entrevistas de televisión, que son recordadas por muchos venezolanos en estos tiempos de destrucción.

> "… Yo quisiera que los venezolanos se dieran cuenta de que vamos a hundir el país en una tragedia…".

> "… El gran desconcierto que hay en el país, la gran rabia, la gran frustración, por la situación que estamos viviendo, que se define como estabilidad de paz, hace que se quiera un cambio radical. Pero el pueblo comete un gran error, en su ceguera, al creer que un vengador, es quien nos puede venir a arreglar las cosas, sin darse cuenta que eso nos va a hundir en peores circunstancias que las que estamos viviendo actualmente…"

---

[2] **El peculado** o malversación de fondos públicos, también conocido como desvío de recursos, es un delito que consiste en la apropiación indebida de dineros del Estado por parte de personas que se supone que están encargadas de su custodia y control.

"… Parece que tenemos que llegar abajo. Trepidar sobre el fondo para que volvamos a levantarnos…".

"… La tragedia es que si gana Chávez veremos una dictadura sin ley. Aquí no habrá derechos de expresión, las cárceles se abrirán para quien no esté de acuerdo con el gobierno, no se le permitirá a nadie disentir y todos los problemas que hoy vemos y que queremos acabar, los problemas de corrupción, los problemas del poder judicial, todos se harán más graves aún…".

Carlos Andrés Pérez (enero 28,2014) Entrevista a CAP [Archivo de video]. Recuperado de https://www.youtube.com/watch?v=5zvX-nrgPN8&t=247s

Capítulo 13

Un mundo de Mitos

Ayer y hoy, en **la cuarta como en la quinta**[1], hay situaciones que tienen algo en común, como lo es, buscar siempre un culpable o una explicación salomónica, lamentablemente dichas explicaciones han tenido más tendencia al mito que a un análisis objetivo de la realidad.

Pero es que, en el mundo comunista sobre todo del nuevo mundo, la culpa siempre fue, es y será del imperio o de la burguesía. Históricamente del imperio español, y más recientemente del imperio yanqui o norteamericano. Pero esto es algo que siempre ha estado en lo más profundo de la izquierda latinoamericana y de toda ideología socialista, comunista.

---

[1] La cuarta y la quinta, hacen referencia a la 4ta y la 5ta República de Venezuela. La cuarta es el lapso de 1830 hasta 1999, y la quinta, que nace con la promulgación de la Constitución de la República Bolivariana de Venezuela, impulsada por Chávez. Aunque hay quienes difieren en estas fechas.

Las venas abiertas de américa

Las venas abiertas de américa, (1971) del escritor uruguayo Eduardo Galeano, es una biblia en este asunto de buscar explicaciones y culpables del subdesarrollo de los países latinoamericanos, de la pobreza y muchos otros males, que ha servido para profundizar el resentimiento antimperialista de la izquierda. Uno de los libros de cabecera y de los más promocionados por el desaparecido comandante Chávez, quien incluso tuvo el detalle de obsequiárselo al presidente Barack Obama, cuando ambos participaron en una reunión entre el dirigente norteamericano y los líderes de la Unasur en Puerto España

El texto de Galeano, le endorsa la culpa de la pobreza, el atraso y de todos los males de Latinoamérica actual a los imperios yanquis y español, por el zaqueo perpetrado durante la era colonial y el dominio imperialista del siglo XX.

El populismo, apela profundamente al término pueblo, como masa que puede manipular, cuando pueblo es cualquier cosa y a la vez no es nada, pero pueblo puede ser todo lo que queramos que sea. Así, que siendo algo no definido ni claro, se dice que la voz del pueblo es la voz de Dios, y si pueblo no existe, entonces cuando digo que la voz de Dios es el pueblo, definitivamente lo que yo diga, en mi discurso populista, termina siendo la voz de Dios.

Pero simplemente es un mito, porque el pueblo ni existe ni es sabio ni es la voz de Dios. De momento, dejo para otro día, una discusión más filosófica al respecto.

Víctimas de los países desarrollados

Uno de los mitos más complicados de desmontar y de los que más daño han hecho al inconsciente colectivo, tanto en Venezuela como en toda Latinoamérica y el mundo subdesarrollado, es que los países ricos o desarrollados de hoy lo son a costa de los países pobres o subdesarrollados, o dicho de otro modo, los países pobres son pobres y subdesarrollados, por culpa de los países ricos y desarrollados.

Esto es igualmente aplicado, a nivel local, al origen de los ricos y los pobres. Los ricos lo son, a costa de los pobres, y los pobres son pobres porque que los ricos se aprovecharon de ellos, de sus tierras o de su trabajo. Chávez pregonaba continuamente que *ser rico es malo*, y que los ricos no podían ir al cielo. Pero de forma contradictoria a su discurso, como muchos de los líderes y las elites de la izquierda cuando les corresponde estar en el poder, hizo derroche de lujos y abultó sus cuentas bancarias y las de sus familiares.

Este mito es un dogma para la izquierda, fuente primera de su resentimiento contra el gigante del norte y la explicación indudable a muchas preguntas inexplicables, sobre porqué en América latina no se avanza hacia el progreso de forma consistente, aun cuando tiene todos los recursos naturales y humanos para hacerlo.

Muchos de los que se dicen intelectuales comunistas no han entendido que la pobreza o el subdesarrollo, no es algo tangible o material, sino de pleno, un asunto mental, de actitud e incluso espiritual y me atrevo a decir emocional.

Ante lo cual bastaría mencionar el caso del Japón, un país literalmente arrasado por la guerra hace menos de una centuria, un archipiélago conformado por casi siete mil pequeñas islas, altamente sísmico y volcánico, que hoy por hoy es una de las primeras potencias económicas y tecnológicas del mundo incluso con uno de los más altos presupuestos militares del planeta. Japón es un país que se centró en el desarrollo y no en el resentimiento, aun cuando llevan y celebran con honor, el dolor y las pérdidas de la guerra.

Otro caso emblemático es Alemania, por solo nombrar uno más, que luego de las dos guerras mundiales podríamos decir que no quedó piedra sobre piedra, y al día de hoy es otra de las primeras potencias económicas del mundo, con un alto nivel de vida y uno de los mejores sistemas de seguridad social de Europa. Siendo además uno de los países que más invierte en ayudas al desarrollo en el mundo.

En irónica contraposición al caso germano, es conocido que la ayuda económica rusa recibida por Cuba, superó cuantiosamente en el tiempo a los montos aportados por el plan Marshall[2] para la reconstrucción de los países europeos que fueron devastados por la segunda guerra mundial. Estos países han florecido desarrollándose aceleradamente mientras que la isla caribeña se ahoga en la miseria y vive privada de libertad, pues dichos recursos fueron invertidos para la comodidad de la elite de la revolución, y para lanzar y financiar guerrillas y terrorismo en toda Latinoamérica y el mundo, así como su amplia red de espionaje en todo el planeta, y probablemente solo una pequeña parte a los fines de atender las necesidades de la población.

> "… si alguna lección nos ha dejado el siglo XX —especialmente tras la Segunda Guerra Mundial— es que el desarrollo económico y el fin del atraso y la pobreza son perfectamente alcanzables. Casos como los de España, Portugal, Corea del Sur, Singapur o Taiwán nos lo demuestran. Incluso, cuanto hoy acontece en Chile apunta en esa prometedora dirección". Carlos Alberto Montaner (Las raíces torcidas de América, 2009, p.9)

---

[2] El Plan Marshall fue una iniciativa de los EEUU en 1948, para la reconstrucción de los países de Europa devastados por la II Guerra Mundial que duró cuatro años, con le finalidad de reconstruir las zonas afectadas por la guerra, eliminar barreras al comercio, modernizar la industria europea y retornar la prosperidad a la región.

Los mitos de Chávez

Si alguien utilizó su carisma y su facilidad de palabra para crear mitos sobre sí mismo, fue el mismo Chávez, que hoy desde el CDLM, siglas de *el cuartel de la montaña*, donde se supone que está enterrado, es más un mito que el joven comandante Chávez que inició la fase final de la debacle del estado venezolano. Chávez estaba plenamente convencido que era un ser providencial y que Venezuela lo necesitaba, y hoy es un personaje al que se le enciendes velas y se le pide protección en los barrios populares de Caracas es incluso en otros lugares del mundo.

Chávez se supo aurear, a propósito, de un cierto aire fantástico mágico mítico, empezando por el famoso juramento del Samán de güere, que en la realidad no pasó de ser la tertulia de un grupo de oficiales ebrios en un casino militar, como lo relata el general Ángel Vivas en sus escritos.

"Muchos creemos que el tan famoso acto patriótico en cuestión no pasó de ser un JURAMENTO DE BORRACHOS frente a una botella en el casino de oficiales del Cuartel Páez de Maracay, como uno de tantos juramentos y promesas que se han hecho frente a una botella de whisky, ron o cerveza luego de que su contenido ya se encuentra circulando entre pecho y espalda". General Ángel Omar Vivas [3](Los escritos del General Vivas, 2012) Recuperado de http://losescritosdelgeneralvivasp.blogspot.com

Chávez, como gran exponente del populismo, conocía la debilidad del pueblo venezolano por la dicharachería y los cuentos de caminos y lo utilizó permanentemente a su favor en todos sus maratónicos discursos y programas de radio y televisión, donde cantaba, recitaba poemas, rezaba, echaba chistes y hasta bailaba.

---

[3] **Ángel Omar Vivas Perdomo** es un general del ejército venezolano, que se opuso públicamente a que las Fuerzas Armadas venezolanas fuesen declaradas Socialistas y estuviesen al servicio de un proyecto político particular.

Al personaje de Maisanta[4], Pedro Pérez Delgado, Chávez lo llevó a lo más alto de la leyenda como su bisabuelo Maisanta, el último hombre a caballo, por los nexos de su familia con el personaje. Chávez conservaba un misterioso escapulario, que según él siempre llevaba consigo, y al que le atribuía poderes de protección para sí.

---

[4] **Pedro Pérez Delgado**, (1881-1924) apodado Maisanta, fue un general y caudillo federal que tuvo nexos familiares con la familia Chávez-Frías. Tuvo dos hijos, Pedro y Rafael Infante, éste último fue el padre de Elena la madre de Chávez.

Capítulo 14

La viveza criolla

"… si el presidente es un ladrón, yo también; si el Estado miente, yo también; si el poder en Venezuela es una cúpula de pendencieros, ¿qué ley me impide que yo entre en la carnicería y me lleve media res? ¿Es Viveza? No, es drama, es un gran conflicto humano…". Ignacio Cabrujas (El mundo según Cabrujas, 1995)

Se dice que el venezolano, y no es mi pretensión generalizar, es un tipo de gente diferente, vivo, chévere. Un tipo que le saca un chiste y una carcajada a la peor desgracia, condición que podría darle un aire de irreverencia y de falta de seriedad.

Pero algo que ha caracterizado al venezolano, y de lo que muchos se sienten particularmente orgullosos y otros no tanto, es de la resonada viveza criolla. Al fin de cuentas un mal que llevamos a cuestas, que implica una desvirtuada ética particular del jodedor [1]venezolano. Así pues, sin más ni más, la viveza criolla nuestra venezolana no es otra cosa, traducida en un castellano simple, que hacer trampa, engañar, actuar de

---

[1] En Venezuela, un jodedor es un término usado para definir a una persona que lleva el sentido del humor al extremo.

mala fe y, en definitiva, obtener algo a costa de *joder* a otros, aunque a algunos les duela que sea tan categórico.

Desde evitar hacer la cola en el banco o el supermercado, sobornar a un portero, pasarse la luz roja del semáforo, pagar para adelantar un trámite legal, ofrecer una comisión para ganar un contrato o acostarse con el jefe para lograr un ascenso, son prácticas que parecen normales en nuestra sociedad subdesarrollada.

Hay que entender que los males de la corrupción y la ineficiencia desmesuradas que podemos ver en los gobernantes, políticos, líderes, dirigentes o funcionarios públicos de nuestros países, no son más que un simple espejo de aquella sociedad que del modo que fuere los puso allí, por la vía de la elección popular o por el apoyo otorgado en las calles.

Es en este punto donde nuevamente sale a relucir la importancia que debe tener la educación y la formación de sus ciudadanos en la vida y el desarrollo de una nación próspera, formación que inicia desde la familia en la infancia y continúa en la escuela y en toda la educación formal.

La viveza criolla, he creído siempre que es como un termómetro que mide la crisis de valores que vive Venezuela, así como Latinoamérica en general, pues realmente no es un mal único, ni un término netamente del venezolano. Eso que conocemos como viveza criolla es algo que nos une al menos en Suramérica, con Argentina, Chile, Colombia, Paraguay o Uruguay, y muy de antes, con la picardía española esbozada en el Lazarillo de Tormes[2].

Hay quienes apuntan a esa viveza criolla o según se quiera denominar localmente en cada país, al llegar a su máxima expresión, como una de las causas elementales de la

---

[2] **El lazarillo de Tormes,** es una conocida novela de autor anónimo, precursora del género de la picaresca, considerada como una de las grandes genialidades en la literatura española.

profunda crisis política, social, económica y moral que han atravesado ciertos países, Venezuela entre ellos.

Y es que en parte esta condición es causa y resultado al mismo tiempo de diversos males sociales.

> "Prolifera la viveza donde hay inseguridad, donde el mañana no es seguro y hay que vivir de la ocasión. Y para practicarla y vivir de ella se necesitan condiciones superiores de inteligencia, comprensión y diligencia." Arturo Uslar Pietri (Medio mileno de Venezuela, 1991, p.333)

Hay quienes por mucho tiempo, intelectuales entre ellos, se dieron a la tarea de justificar la viveza criolla definiéndola como un mecanismo de supervivencia y eso aprendieron incluso nuestros niños, pero hoy se tiene muy claro que ha sido la viveza criolla el mal que nos ha conducido a la ruina como sociedad, porque implica actuar al margen de lo correcto, de lo ético o de lo moral, lo que se traduce en corrupción e ilegalidad. Hay que reiterar que no es algo autóctono, sino que es más bien un asunto universal, tan solo que en los países desarrollados o del primer mundo es perseguida y castigada y en los nuestros del tercer mundo, es práctica cotidiana de sus gobernantes y ciudadanos a la luz pública.

La viveza criolla es una forma peculiar de mitificar lo ilegal, para engañarnos a nosotros mismos y ultimadamente justificar la corrupción y la ineptitud de nuestros gobernantes que llegan al poder no precisamente por sus méritos y virtudes, sino por su viveza y astucia.

Este mal corrompió totalmente la médula del país generando una ética trastocada. Es muy normal que aquel que cumple las normas establecidas, respeta su lugar en una cola o espera su turno, sea visto como pendejo, tonto, gafo o popularmente como un guevón, al punto del ridículo, mientras que aquel que viola leyes, salta protocolos o hace trampas, es visto como un tipo vivo o astuto, incluso digno de imitarse.

Desde niños se nos va inyectando la viveza como algo necesario para sobrevivir, así en los juegos con tal de ganar se aplaude la trampa o la zancadilla. En las piñatas, el niño que se lleva casi todos los juguetes a fuerza de empujones también es elogiado. Como también se les enseña que llevarle regalitos a la maestra te ganará algunas veces su complacencia.

Se le llama vivo al que se hace el loco y no paga el pasaje al bajar del bus, o al cajero que no devuelve el vuelto al cobrar. Al que cobra sin trabajar o al que inventa mil trucos para copiarse en un examen. Al final de cuentas, estas acciones solo tienen un nombre, robo y son practicadas por ladrones. Llamemos a cada cosa por su nombre.

Pompeyo Davalillo, siendo manager, acostumbraba a humedecer zonas del campo de beisbol para ganar ventaja a sus equipos contrincantes. Algunos boxeadores han usado trozos de metal en sus guantes, y el abuso de drogas para aumentar la capacidad deportiva es un mal que no se ha podido extinguir. Son destellos de viveza, que han llevado la ilegalidad al mundo deportivo.

> "Picaros y picardías han existido siempre y en todo lugar. Lo que hace de la viveza criolla un rasgo resaltante de nuestro carácter social es el hecho de que se la célebre", Axel Capriles (La picardía del venezolano o el triunfo de tío Tigre, 2008)

Ridículamente, hay refranes que justifican en el inconsciente colectivo la presencia del vicio de la viveza criolla, como por ejemplo: *el vivo vive del bobo, y el bobo de papá y mamá*. También es común oír, yo robo porque total, si no robo yo, lo hará otro. Incluso, hay una frase temeraria que repetimos alegremente, pero que es un concepto lapidario de la ley que es, el que hace la ley hace la trampa, infiriendo que la ley, siempre tiene su caída, pero esta caída, prácticamente es inducida o premeditada. Y como dejar de lado las expresiones que más han hecho daño a la democracia como, a mí que no me den nada, sino que me pongan donde "haiga", y aquella de: ¿cuánto hay pá eso?

El Hábito común que adquirimos en la infancia de echar la culpa a otros o a las circunstancias para evitar el castigo o el regaño, es hoy una práctica de las élites gobernantes, y del chavismo en su máxima expresión. Pero es que volvemos al punto que los gobernantes de una nación son el simple reflejo de la sociedad que los eligió, y acá vuelven a ser adecuadas las palabras de Axel Capriles hablando de la democracia como sistema.

"En la democracia quienes eligen son las mayorías, y las mayorías eligen a aquellas personas que son como ellas. Los sistemas de votación tienden a elegir a aquellas personas que son como la mayoría de la población, lo que produce que esos rasgos se sigan repitiendo". Axel Capriles (La picardía del venezolano o el triunfo de tío Tigre, 2008)

En Venezuela, con el devenir de los años, la viveza criolla ha terminado configurando un fenómeno que nos ha llevado literalmente a un canibalismo voraz ente venezolanos. Figuras como el bachaquero, el gestor o el contacto son elementos esenciales para tener acceso a la compra de alimentos, o para lograr realizar trámites burocráticos en los entes gubernamentales.

El soborno, la comisión, la mordida, la tajada, o la bajada de mula son imprescindibles si quieres obtener cualquier tipo de documentos.

Lamentablemente, de forma casi generalizada, el venezolano tubo que acostumbrarse a evadir la burocracia y los controles oficiales para vivir al margen de las normas, por lo que termina justificándose que la viveza no es un antojo sino, realmente, una necesidad.

El chavismo se ha tornado en la expresión máxima de la viveza criolla, y de lo que puede pasar cuando los vivos, por su viveza logran asaltar el poder legalmente constituido, para debilitarlo, desarticularlo y destruirlo indudablemente.

El robo de elecciones con miles de triquiñuelas y trampas dignas de tío conejo, la anulación total de la oposición con leyes rebuscadas, la unificación de todos los poderes públicos arrodillados al dictador, la destrucción del sistema de prensa libre nacional, la destrucción del sistema educativo, la transformación de las fuerzas armadas en mafia de narcotráfico, el uso de bandas armadas para someter a los disidentes, y el uso de hambre y el miedo para distraer y someter a toda una nación, logrando increíblemente que fuera de nuestras fronteras haya gente convencida que Venezuela es una nación democrática víctima del imperio, son apenas una muestra de esa máxima expresión de la enfermiza viveza criolla que representa el moribundo chavismo.

Nuestra peor crisis actual, sin obviar la crisis humanitaria, es más de orden moral y mental que de otra índole, nuestra viveza, nuestra inteligencia debe estar dirigida a la solidaridad, al servicio comunitario y a construir en el bien común. Esa es la única salida.

Ahondar en este punto sería interesante como extenso, así que de momento prefiero remitirlos a un texto profundo como interesante: *La picardía del venezolano o el triunfo de Tío Conejo*, de Axel Capriles, quien hace maestría con este complicado asunto de la viveza criolla venezolana.

"Todo está perdido cuando los malos sirven de ejemplo y los buenos de burla". Demócrates (460-370 a.C.)

Capítulo 15

Los brujos de Chávez

"Tras su llegada a la Presidencia, Chávez se acercó a todas las condiciones y creencias, se bañó en las cascadas de Sorte, se dejó leer el tabaco, pidió en televisión el poder de los rayos de los brujos de la revolución y celebró un ritual santero, a ojos de los babalawos, frente a los huesos del Libertador Simón Bolívar".
David Placer (Los brujos de Chávez, 2015, p.7)

En Venezuela, la superstición ha sido algo muy arraigado que no escatima clase social. Y la clase política no ha escapado de ello a lo largo de la historia. Pero sin ir tan lejos, fue muy conocido que el presidente copeyano *Luis Herrera Campíns* siempre llevaba en uno de sus bolsillos no solo unos torontos[1] a los que era aficionado, sino también un amuleto muy particular, una pepa de zamuro para la suerte y para curarse en salud, según él mismo lo dijo alguna vez. Por su parte *Jaime Lusinchi* utilizó a un vidente durante su campaña electoral para que le vaticinara su victoria. Igualmente, *Carlos Andrés Pérez* recurrió a la

---

[1] **El Toronto** es un famoso bombón de chocolate venezolano con centro de avellana producido por Nestlé Savoy en Venezuela. Es sabido que Luis Herrera era aficionado a estos bombones

conocida *Evenia Rengifo*, la bruja del poder para que le practicara ciertos rituales que lo protegieran de sus detractores, y se sabe de varias ocasiones en las que acudió a la montaña de Sorte.

Pero definitivamente, el que rompió todos los esquemas imaginables en lo que a superstición se refiere, fue el difunto *Hugo Chávez Frías*, quien desde muy joven tuvo gran curiosidad por lo sobrenatural y en su vida como se dice popularmente "le fue prendiendo una vela a cada santo" y recurrió a cuanta religión y culto pagano del que tuvo conocimiento, incorporando también a sus ritos prácticas primitivas de origen africano.

Por su origen y creencias de hombre llanero, y por la influencia posterior de Fidel Castro, Chávez estaba convencido que las fuerzas del más allá lo ayudarían a mantenerse en el poder, hecho que lo obsesionaba, y en esas ansias enfermizas e incontrolables por ese poder llegó al extremo, injustificable a toda vista, de ordenar que se desenterraran los restos mortales de Simón Bolívar del Panteón Nacional en una rebuscada y controversial investigación científica que supuestamente pretendía determinar las verdaderas causas de la muerte del Libertador, pero que Chávez había planificado para celebrar un ritual especial frente a los huesos del prócer según lo relatan algunos periodistas y personas que conocieron de cerca este acontecimiento, escogiendo además como hora oficial de tan macabro evento, precisamente las tres de la madrugada, hora que es denominada como la hora del diablo[2] o la hora de las brujas.

En relación a este hecho, y no es algo que pretendo

---

[2] Las tres de la madrugada es conocida como el Tiempo muerto o La hora del diablo, pues según expertos en el tema es el momento en que existe más actividad paranormal pues demonios y espíritus se encuentran más activos propiciando contactos entre vivos y muertos. Es la hora acostumbrada por brujos para hacer ritos de hechicería.

confirmar, se ha dicho que al estilo de la maldición de Tutankamón, todos los que participaron en esta exhumación han ido muriendo extrañamente, entre ellos el desaparecido Chávez, pero esto ya es algo que quedará para alimentar la mitología popular venezolana.

Quiero aclarar que en Venezuela existe libertad de credo consagrado por la constitución nacional, y particularmente tengo sumo respeto por la inclinación espiritual o religiosa de cada quien, sea esta de la índole que sea, siempre y cuando estas prácticas respeten la misma libertad y derechos de los demás y no se pretenda imponer creencias por la fuerza o por manipulación a otros. Pero en el caso de difunto Chávez se produjo una mezcla compleja de prácticas y creencias, en una obcecación que lo llevaba ciegamente a practicar cualquier rito que le prometiera como beneficio mantenerse en el poder.

Ocultismo como política de estado

Con Hugo Chávez en el poder, quien era profundamente supersticioso, en Venezuela se profundizó la superstición y las prácticas del ocultismo y rituales de brujería en Miraflores y en general en todos los entes del poder, casi como una política de estado. Es usual encontrar altares con cráneos de animales, frutas y flores en todos los entes públicos. En toda oficina pública es fácil tropezarse a trabajadores con la típica vestidura blanca de los santeros. Son permanentes los rumores de ritos de brujería y sacrificios de animales o sesiones secretas en las élites del chavismo. Se ha sabido de animales que aparecen mutilados en zoológicos o zamuros muertos en el propio Palacio de Miraflores, donde además hay varios salones oficiales dedicados exclusivamente a las prácticas de espiritismo y brujería, y son abiertamente exhibidas por los funcionarios del lugar como algo normal.

Particularmente tuve la non grata accidental experiencia de ver a la esposa de un ministro de Chávez, recibir sobre su cabeza sangre de una gallina recién estrangulada en un extraño ritual yoruba en un barrio de Caracas.

Chávez inundó los espacios de Miraflores, no solo de adivinos, brujos, babalawos, santeros y paleros, sino que también se hizo acompañar de pastores cristianos de diversas vertientes, sacerdotes católicos y hasta obispos. Definitivamente lo del comandante en ningún modo fue devoción sino una obsesión absoluta por sentirse protegido, bendecido o ungido por un poder sobrenatural, viniera este de donde viniera y transmitió dicha obsesión a sus seguidores y aduladores, a sus ministros y a su círculo cercano.

El comandante tenía una particular forma de ser y de actuar, y utilizaba su histrionismo para darle tono ceremonial y hasta de misterio a sus palabras con el fin de sugestionar y manipular a su entorno más cercano, desde sus tiempos de estudiante en la academia militar. Se creía en contacto directo con Bolívar para quien dejaba una silla vacía en algunas de sus reuniones con sus ministros u otras sesiones de trabajo, según lo cuentan algunos allegados.

En las fuerzas armadas caló de manera especial el uso de estos rituales para consultar a los muertos sobre ascensos y hasta decisiones militares. Adicionalmente, babalaos y santeros penetraron en organismos y empresas del estado creando una profusa red de espionaje al servicio de Fidel Castro y la dictadura cubana, detrás de la supuesta labor espiritual y de asesoría.

La proliferación de santeros y paleros, que usan huesos de muertos en algunos de sus ritos, se hizo evidente en el crecimiento exagerado del número de profanaciones de tumbas en los cementerios de Caracas y en general en toda Venezuela, incluida la tumba de uno de sus presidentes, Joaquín Crespo.

En el libro, Los brujos de Chávez [3]de David Placer, el autor afirma que "Fidel Castro se dio cuenta tempranamente de la gran debilidad de Hugo Chávez por la brujería y las ciencias ocultas" y aprovechó estratégicamente esta circunstancia para infiltrar inicialmente en los círculos cercanos a Chávez un contingente de babalawos que progresivamente iría tomando posiciones claves en entes del estado y que con el tiempo se convertiría en un verdadero ejército de cubanos intocables por su condición de ser en algún modo, protegidos de Chávez. Este "ejercito" aun al día de hoy, forma parte del aparato de inteligencia cubano que mantiene en el poder a Maduro.

Es harto conocido que el líder del chavismo había sido iniciado en la santería luego de salir de la cárcel de Yare y algunos años antes de llegar al poder precisamente en un ritual celebrado en La Habana de Cuba, donde de acuerdo a los ritos le coronaron el santo Changó.

Aun después de su muerte, Chávez continúa siendo un fenómeno mítico sembrado en la religiosidad popular, pues desde su deceso, predicho por diversos brujos y videntes, se han construido altares, capillas y otros lugares para rendir culto al controversial personaje de Chávez.

De forma completamente deliberada, Maduro, como el predecesor ungido por el mismo Chávez para que le sucediera como en una dinastía, ha capitalizado estas circunstancias al máximo inventando apariciones, avistamientos y elucubrando mensajes de Chávez de diversas formas como su resonada conversación con un pajarito o una imagen aparecida en un túnel del metro de Caracas, para maximizar el mito alrededor de la imagen del comandante. Por esta razón se transformó al

---

[3] **Los brujos de Chávez**, la magia como prolongación de la política, es un libro del periodista David Placer publicado en 2017, que cuenta cómo el régimen cubano aprovechó la debilidad de Chávez por la santería y el ocultismo, y como el Chavismo entregó literalmente el país a unos hechiceros.

famoso cuartel de la montaña, desde donde Chávez dirigió su fallido golpe de 1992, en un santuario y mausoleo donde se depositaron los restos del difunto caudillo, lugar al que se le ha inyectado un ambiente de misterio y a donde van con frecuencia los líderes del chavismo y el mismo Maduro, a invocar los consejos que el comandante les envía desde el más allá.

Toda una parafernalia creada con la exclusiva intensión de manipular al pueblo, a la clase ignorante y humilde que puso sus esperanzas en el comandante de Sabaneta y a las que el caudillo supo manipular a su antojo con su particular elocuencia mientras estuvo en el poder para ganarse su apoyo.

Una crisis espiritual

No es mi intensión de momento profundizar sobre el particular, pues la penetración de la brujería en la política chavista es un tema que daría para tomos completos tanto a nivel político, espiritual y moral, sino más bien, denotar la profunda crisis que ésta compleja situación del uso de lo oculto, la magia y de toda superchería implica a nivel espiritual y emocional no solo en la clase política sino en la sociedad venezolana en general, pues recordemos como ya hemos dicho que la clase política y gobernante es reflejo natural de aquellos que los eligieron. Si en este punto conjugamos la viveza criolla con la afición por la brujería y lo oculto, tenemos como resultado un individuo altamente trastocado.

Esta crisis espiritual está obviamente ligada a la crisis moral y ética que vive la nación y que evita cualquier avance positivo en todo el ámbito de la vida nacional.

No son pocos los líderes espirituales y religiosos, no solo de Venezuela, que han afirmado que por esta inmersión masiva desenfrenada de los venezolanos y sus líderes políticos en prácticas maléficas y de idolatría, la nación está sumida como Sodoma y Gomorra en la más oscura de sus etapas, y la crisis espiritual, como maldición divina, continuará hundiendo a una nación con grandes recursos naturales y humanos en un pantano oscuro del cual es muy difícil salir *por ahora*, donde la crisis humanitaria, la crisis educativa, la crisis económica son solo síntomas de este mal mayor tal como las plagas bíblicas que azotaron a los egipcios, la destrucción de Sodoma y Gomorra, o el diluvio universal producto de contravenir los designios divinos plasmados en las sagradas escrituras en los libros del pentateuco[4] y los profetas.

Quiero terminar diciendo que es doloroso ver, sentir y tener que reconocer que en Venezuela reina una dictadura con narcotráfico, brujería y mentira como políticas de estado.

«No os haréis ídolos, ni os levantaréis imagen tallada ni pilares sagrados, ni pondréis en vuestra tierra piedra grabada para inclinaros ante ella; porque yo soy el SEÑOR vuestro Dios…». Levítico 26:1

«No los adorarás ni los servirás; porque yo, el SEÑOR tu Dios, soy Dios celoso, que castigo la iniquidad de los padres sobre los hijos hasta la tercera y cuarta generación de los que me aborrecen…». Éxodo 20:5

«No tengas otros dioses además de mí. No hagas ningún ídolo ni nada que guarde semejanza con lo que hay arriba en el cielo, ni con lo que hay abajo en la tierra, ni con lo que hay en las aguas debajo de la tierra. No te inclines delante de ellos ni los adores. Yo, el Señor tu Dios, soy un Dios celoso. Cuando los padres son malvados y me odian, yo castigo a sus hijos hasta la tercera y cuarta generación». Deuteronomio 5,7-10

«¡Arrepiéntanse! Apártense de una vez por todas de su idolatría y de toda práctica repugnante». Ezequiel 14: 6b.

---

[4] **El Pentateuco**, el libro de la ley o la Torah para los judíos, está conformado por los cinco primeros libros de la Biblia, Génesis, Éxodo, Levítico, Números y Deuteronomio. Donde se expone la historia de Israel y las leyes divinas o lo que conocemos como los mandamientos de la ley de Dios.

Palabras Finales.

Desde la distancia, como quien ve los toros desde la barrera, viviendo de los sobresaltos del día a día al seguir las informaciones que salen de Venezuela, sembrando esperanzas en cada propuesta y cada opción que surge que pretenda vislumbrar la mínima esperanza de recuperar la democracia, no queda más que seguir expresando públicamente lo que pensamos, sumando el más pequeño grano de arena en la lucha por la vuelta de la libertad a Venezuela, y los creyentes también implorar al ser supremo por su ayuda en el trance que atraviesa la nación de Bolívar.

Callar no es una opción que favorezca el porvenir, más en un momento en el que las redes sociales y la internet nos ponen el mundo a la distancia de un dedo. La opinión y la crítica son nuestras grandes herramientas, pero no podemos querer tener una línea única de pensamiento como lo pretende todo gobierno totalitarista.

Todo líder que se una a la lucha publica contra la dictadura venezolana y en pro de recuperar la democracia, debe estar abierto a la crítica y demostrar con argumentos que sus intenciones son sinceras y que su trabajo es transparente, y no pretender que por estar al frente de esa causa puede permitirse licencias para hacer lo que hacen los que ostentan el poder.

En tiempos de confusión como estos, donde la dictadura y el aparato del G2 cubano siembra mentiras permanentemente para desunir, desanimar y confundir a todos los que luchan por la democracia, la opinión y la crítica no debe ser solo un sumarse a corrientes que pretenden ser bandera de lucha, se debe discernir y aplicar criterio propio. Es válido rectificar, cambiar de opinión, incluso disentir, pero nunca callar o permanecer pasivo.

La vida sigue, y la lucha debe continuar, incansable e indoblegable, aun sabiendo que en América y el mundo, en pleno siglo XXI seguirán cohabitando dictaduras y gobiernos totalitarios y autocráticos, algunos solapados bajo caretas de demócratas de mera denominación: Cuba, Nicaragua, Bolivia, Corea, China, Rusia, Irán o Bielorrusia.

Incluso seguirá habiendo políticos y gobernantes de países democráticos que promuevan ideologías comunistas y totalitaristas como solución a los males que padecen. Continuando además con el discurso que atrae masas de que los países pobres y en crisis están así a causa de los países ricos y poderosos. Así, estos gobernantes seguirán produciendo, para su beneficio, más pobres y más seres dependientes de sus dádivas para que les mantengan en el poder.

Aunque pesimista, este panorama no debe permitir que se doblegue la lucha, el trabajo y el sentido crítico de todos los que creemos en la democracia, en la educación y en la economía de mercados.

Sobre el autor

Javier Garavito (Venezuela, 1972) es ante todo un irreverente crítico, dispuesto siempre a ver las caras de la realidad, a rectificar y a cambiar de opinión, siempre presto a aprender cada día algo nuevo y a contrastar visiones.

Es creyente de que la formación profesional sea humanista o científica, teórica o práctica, debe siempre estar en función de la madurez del pensamiento y éste en función del bien colectivo como universal.

Como inmigrante en los Estados Unidos, está convencido que la democracia es un sistema frágil y el más imperfecto, pero hasta hoy, el único que permite que una sociedad y sus individuos se desarrollen y participen en su propio desarrollo y crecimiento individual y colectivo. Además, que es el único que permite el desarrollo de una economía de mercado en la que la libre competencia, la libertad de opinión y el derecho a la propiedad son factores vitales. Pero un sistema que no puede funcionar y desarrollarse si no existe la participación activa y compromiso de sus ciudadanos.

Amante de la filosofía, la tecnología, la fotografía y del arte de la educación, encuentra una pasión particular en expresar sus vivencias, ideas, opiniones o críticas de forma escrita y compartirlas.

Antes de terminar

«El Estado, por el contrario —así se le ve—, es un ente distante, casi siempre hostil, ineficiente e injusto. Eso explica —por ejemplo— que un porcentaje mayoritario de peruanos apoyara la clausura violenta del Congreso en 1992 por parte de Alberto Fujimori, o que el sesenta y cinco por ciento de los venezolanos respaldara la intentona golpista de Hugo Chávez contra el gobierno constitucional de Carlos Andrés Pérez en ese mismo año».

Las raíces torcidas de América
Carlos Alberto Montaner

«Quizás lo más extraordinario de la Venezuela chavista haya sido precisamente la sumisión voluntaria a otro país, que además es más pequeño y pobre y está a mil cuatrocientos kilómetros de distancia. Revoluciones y caudillismos, movilizaciones populares y represiones se han dado muchas veces en la historia, y cómo no en la latinoamericana. Pero si por algo distintivo debiera figurar el chavismo en los libros es por esa singular subrogación».

Bumerán Chávez,
Los fraudes que llevaron al colapso de Venezuela.
Emili J. Blasco

«Un jefe de Estado que conozco bien, por la mañana pronuncia una diatriba ardiente contra las compañías multinacionales, y por la tarde despliega todos sus esfuerzos y su encanto para incitar al presidente de una de esas mismas compañías a invertir en su país y crear una de sus filiales en él».

El Conocimiento Inútil.
Jean François Revel

«Hoy, como antaño, el enemigo del hombre está dentro de él. Pero ya no es el mismo: antaño era la ignorancia, hoy es la mentira».

El Conocimiento Inútil.
Jean François Revel

Epílogo

El vaivén entre desilusiones y esperanzas que acorrala a los venezolanos en el aprisco de la impotencia, sigue siendo al mismo tiempo, el inspirador de una lucha sostenida e irrenunciable que continúa haciendo frente a los antivalores comunistas, encubiertos siempre de presuntas políticas sociales que apuntan a un riguroso igualitarismo que blande las banderas de la clase obrera, los derechos de los campesinos y la reivindicación de los desposeídos.

El chavismo nos deja con su lacerante secuela de miseria y pobreza, la realidad de lo falso, la repetición de lo inútil y el peligro que los acomplejados sociales suponen cuando detentan el poder y subyugan a las masas.

El canallaje chavista, con vista a su génesis y posterior cronología, muestra el producto de su manipulación social asentada en el odio, a través de la prédica repetida e incesante de una cansa pero efectiva letanía: la demonización de la riqueza, la satanización del empresariado y la existencia del consabido enemigo extranjero, para achacarle las culpas por la ineptitud y la corrupción desvergonzada del régimen "progresista" del dictador y de la pandilla criminal que le acompaña, protege y adula.

Todas las experiencias que tenemos a lo largo de la noria de la vida, por dolorosas que sean, siempre hacen mella en la mente y en los corazones. El chavismo ha causado el paroxismo de la desilusión, la tristeza y el sin vivir, a un pueblo otrora alegre y dicharachero, víctima de la herencia "roja rojita" que lo ha aplastado con todas las miasmas compradas, cual receta diabólica, a los sátrapas castro comunistas.

Este aprendizaje brutal, mediante la vivencia de una lección que luego de idiotizante para los más lerdos e ignorantes, se transformó en una terrible pesadilla de enorme magnitud y envergadura para todos, nos ha hecho mucho más perspicaces, más unidos y ya no tan ingenuos, cuando aplicamos el tamiz a cualquier vendedor de ilusiones que surja como ilustre promotor de los gobiernos dizque progresistas de América Latina.

El chavismo nos sigue dejando la necesidad perentoria e impostergable de asirnos a las cosas buenas y a los hombres ilustres que advirtieron en su momento lo que se avecinaba. Y ocurrió, porque con dos bofetadas hemos espabilado para defender la libertad como un valor intrínseco del ser humano. Los venezolanos la conocimos, la añoramos y no descansaremos hasta recatarla del laberinto de la maldad y del oprobio en que se ha convertido la tierra del Simón Bolívar.

César Enrique López Bacaicoa

Tenerife, España
Lunes, 08 de julio 2019

César es miembro de la Asociación
Juristas de Iberoamérica (ASJURIB)

Referencias

BLASCO E.J. (2015) Bumerán Chávez. Los fraudes que llevaron al colapso de Venezuela. Charleston, SC: CreateSpace Independent Publishing Platform.

BENEMELIS, J. F. (2002) Las guerras secretas de Fidel Castro. Fundación Elena Mederos, Primero Derechos Humanos

CAPRILES A. (2008) La picardía del venezolano o el triunfo de tío Tigre. Caracas. Taurus.

CHÁVEZ, H. (2012) Cuentos del arañero. Vadell Hermanos Editores.

GALEANO E. (1971) Las venas abiertas de América. Uruguay. Monthly Review

KAISER A. y ALVAREZ G. (2016) El engaño populista. Deusto

MACHADO, L. A. (1975) La Revolución de la inteligencia. Caracas. Editorial Arte.

MONTANER C. A., MENDOZA P. A. y VARGAS LLOSA A. (1996) Manual del perfecto idiota latinoamericano. Madrid. Plaza & Janés Editores

Montaner C. A. (2001) Las raíces torcidas de América. Madrid. Plaza & Janés Editores

Placer D. (2015) Los Brujos de Chávez. La magia como prolongación de la política. Caracas. Sarrapia Ediciones

Placer D. El dictador y sus demonios: la secta de Nicolás Maduro que secuestró a Venezuela.

Rangel C. (1976) Del buen salvaje al buen revolucionario. Mitos y realidades de América Latina. Monte Ávila Editores.

Rangel C. (1982) El Tercermundismo. Monte Ávila Editores.

Revel J. F. (1988) El Conocimiento inútil. La primera de todas las fuerzas que dirigen el mundo es la mentira. Barcelona. Editorial Planeta.

Tovar-Arroyo G. (2018) Chavismo: La peste del siglo XXI. (Film Documental)

Urdaneta, O. (carlosjate)(2007) No vale yo no creo. (Archivo de video) Recuperado de:
https://www.youtube.com/watch?v=GEpmx1Wu-7g&t=2s

Vivas Perdomo, A.O. (2008) Los Escritos del General Vivas (Blog) Disponible en:
 http://losescritosdelgeneralvivasp.blogspot.com/

Werth N, Paczkowski A, Bartosek K, Margolin J.L., Panne J.L. (1997) El Libro negro del comunismo. Crímenes, terror y represión. Harvard University Press